真説 老子

世界最古の処世・謀略の書

高橋健太郎

JN151567

草思社文庫

まえがき

タイトルからも明らかなように、本書は『老子』という中国古典を一貫した謀略術の体系として解釈し、その内容の可能性を掘り下げるものです。ここで言う「謀略術」とは、

「いかに自分の身を安全圏に置きながら、物事を成し遂げるかの理論と技術」

のこと。「処世術」「権謀術数」などとも呼ばれるものです。

とは言っても、これを読んでいるみなさんは、同じ中国古典でも『孫子』が兵法書であること、『論語』が倫理道徳を説くことは知っていても、『老子』を謀略術の書として認識していた人は、ほぼゼロに近いのではないでしょうか？

無理もありません。

そもそも今の日本で『老子』が一般向けに紹介される際には、決まって「タオイス

ム」というキーワードとともに、

「『道』による永遠の流れに身を任せて生きよ」

と説く、ロハスで平和で深淵な哲学として紹介されるからです。実際、現在売られている『老子』関連の本もこうしたイメージを打ち出したタイトル、副題がつけられることがほとんどです。

封印された『老子』謀略術

一方で、『老子』本文の中に確実に存在する謀略術的な要素については、まず無視されるか、「そういう面は確かにあるが、『老子』の本質ではない」という片づけ方をされることがほとんど。

例えば、『老子』の本文の中には、もう誰が読んだって謀略術を説いている第三十六章というものがあるのですが、それも一般向け入門書では、

「三十六章は権謀術数の言であって『老子』にふさわしくない」——『老子入門』楠

山春樹（講談社学術文庫）

と書かれ、「例外」として片づけられてしまうのが現状なのです。

すなわち、『老子』を真正面から謀略術として理解する行為は、中国や日本において一つの伝統的な解釈であるにもかかわらず（このことについては1章でより詳しく説明します）、ある種のタブーになっている。

生き残る者と亡びる者を分ける教え

しかし、本書の立場は違います。

むしろ『老子』全体を謀略術の体系として解釈してはじめて分かる教えがある。より具体的に言えば、実社会を生きる我々を、生き残る者と亡びる者、成功する者と失敗する者、勝つ者と負ける者、幸福な者と不幸な者とに分けている秘密が姿を現す。そう考えるのです。

だからこそ、本書は徹底して、『老子』を謀略の理論と技術の書として読んでいきます。

間違っても「意味はよく分からないが、ありがたそうな哲学」としては読まない。

したがって、その教えの一つひとつについても、許す限り「何を指すのか？」「何に使うのか？」「どう使うのか？」という具体的な視点で解釈し、解説します。

その意味で、本書は単に教養を身につけるための古典入門というよりは、古典を題材にした自己啓発書なのです。

人生の役に立つ。

生きるヒントになる。

物事を成し遂げる際の指針となる。

ここから始まる本書がそうした効能を持てたとしたら、これに勝る喜びはありません。

真説 老子

世界最古の処世・謀略の書

目次

第3章 『老子』とは「道」を利用した戦略である

「反」と「柔弱」

第1章

「あるがままでいい」というウソ

封印された『老子』謀略術

1-1 老子とは誰なのか

まず、そもそも『老子』は誰が書いたのか？　という話から始めましょう。

謎に包まれた『老子』の著者

一般的には、『老子』という書物は、「老子」という名の古《いにしえ》の賢者が書いたものだと言われています。彼の伝記としては、前漢の時代、紀元前一世紀の初め頃の歴史書『史記』に書かれているものが最も古く、また最も有名です。

その内容は、およそ次の通り。

老子は楚国の苦県《こ》厲《らい》郷曲仁里《きょくじんり》の人。李耳《りじ》というのがその名前で、周の国の宮廷図書室の記録官をしていた。ある日、儒学の祖・孔子が彼を訪ねて行って、古くから伝わる伝統的な「礼（宮廷マナー）」について質問した。

老子はそれに答えず、孔子が各国の諸侯に徳による政治や「礼」を説いてまわり、自分を売り込んでいることについて次のように忠告した。

「君子は時を得ればそれに乗り、時を得なければ自由にさすらえばいい。優れた徳を持っていても、愚者のように見せるのが本当の君子なのだ。君は、君の高慢と欲望、もったいぶった態度とよこしまな志をなくしたほうがいい。どれも君のためには無益なことだ。私に教えられるのはそれだけだ」

それを聞いた孔子は驚いて退散したあと、弟子に向かって言った。

「まったく捉えどころのない私の理解を絶した人だった。まるで竜のようだ」

老子は「道」と「徳」を修め、その学説は己を隠し、無名でいることを務めとした。周国の都に長らくいたが、その国力の衰えを見ると、立ち去って、関所まで来た。

関所の役人・尹喜《いんき》が言った。

「あなたは身を隠そうとされている。無理を承知でお願いします。私のために書物を書いてください」

そこで老子ははじめて上下二篇の書物をあらわし、「道徳」の意義を述べること五千余言。そして立ち去り、その後どうなったのか知る者はいない。

以上が老子の伝記のあらまし。

そして、この中に出てくる「五千余言」こそが現在我々の目にする『老子』なわけです。この伝記は十九世紀ぐらいまではほぼ史実として扱われてきました。その間、およそ二千年。

しかし、今では、これは史実ではないだろうというのが研究者の大方の見解です。

そもそも、これを書き記した『史記』からして、この話の他にも老子に該当する人物について、老來子説、太史儋《たん》説と二人の人物を載せており、つまりは、『老子』の著者である老子という人物については、『史記』が書かれた時点で、もうあやふやだったわけです。

では、ひるがえって最新の研究によって、老子について何が言えるかと言えば、これも甚だ心もとない。

ただ、かろうじて言えるとすれば、『老子』の著者は複数だろうということです。

すなわち、『老子』という書は、まずその原型となる思想を悟った「最初の老子」の言葉が何らかの事情で書き残され、その思想に共感した「続く老子たち」がそこに内容を付け加え、また編集していった結果、現在目にする形になったのだろうということです。

戦国時代という地獄

では、『老子』はいつの時代の書物なのか？

これについては、大まかなことは分かっており、『老子』ができあがっていったのは、中国の戦国時代だと考えられています。

戦国時代は、中国における紀元前五世紀半ばから三世紀後半ぐらいまでの期間を指します。その名前からも分かるように、「戦国七雄」と呼ばれる有力な七つの国を中心に、各国がお互いに戦争を繰り返し、領土を奪い合っていた時代です。

この時代は、「富国強兵」の時代だと言われます。

各国の王は、自らの領土の食糧生産を向上させて国を富ませ、武器の生産や兵の動員を高めて軍事力を強くし、それをもとに他国の領土を切り取っていくことに躍起になっていました。

当然、戦乱は絶えず、各国の政情もつねに不安定。

領土を奪っては奪われ、同盟を結んでは破られ、各国政府の中にも陰謀が渦巻き、得体の知れない人物が突然権力を握ったかと思えば、昨日までの権力者が急に殺されたりする。そして、そうした権力者たちの変動に振り回され、あるいは土地を失い、あるいは命を落としていく普通の人々。それが戦国時代だったのです。

そんな時代に生まれたのが、『老子』とその思想だったわけです。

この『老子』。とくに、最近の日本においては、一つ大きな誤解があります。内容に入る前に、その誤解を解くところから始めなければなりません。

1-2
誤解され続ける『老子』のメッセージ

『老子』の内容を解説するにあたって、『老子』について最も多い誤解について解いておこうと思います。その誤解とは、「まえがき」にも書いたこと。つまり、

「流れに身を任せて生きよ」
「あるがままでいい」

と説く書というイメージです。

これらは、『老子』の説く「無為」を、同じ系統に属する『荘子』という古典の「因循」の教えと混同し、単純に「何もせず、流れに身を任せる」と解釈したために出てきたものでしょう。

とくに、非専門家の書いた一般向け『老子』入門書や、『老子』をバイブルと仰ぐ

スピリチュアル系の人々が、盛んにこうした論調で『老子』を紹介することもあり、この「流れに身を任せて」「あるがままに」説は、かなりメジャーな理解の仕方になっている印象があります。

「あるがままに」の書という誤解

しかし、現在伝わる『老子』という書物を一冊ちゃんと読んでみたときに、そんなことが中心的なメッセージだとはとても思えない。

理由はいくつもありますが、中でも大きいのが、『老子』本文の中に、成功するという意味の「功を成す」「功を遂げる」といった表現、あるいはよりスケールの大きい「天下を取る」といった野心的な表現が何度も出てくることです。その上、そのためにはどうすればいいのかという方法論までが繰り返し説かれている。

例として、『老子』の次の一節を見てみましょう。

> 正当な方法で国を治め、例外的な方法で武力を用い、事を起こさないことで天下を取る（正を以て国を治め、奇を以て兵を用い、事無きを以て天下を取る）
> （第五十七章）

「正当な方法（「正」）」「例外的な方法（「奇」）」「事を起こさないこと（「無事」）」の具体的な内容はあとで詳しく解説しますが、いずれにせよ、これは「正→奇→無事」という天下を取るための三つのステップという基本戦略の話なのです。

「流れに身を任せよ」、あるいは「あるがままでいい」という話の中に、こんな「天下を取る」ための戦略が出てくるのはどう考えてもヘンでしょう。

『老子』には何が書かれているのか

では、『老子』には、何が書かれているのか？

本書の結論は、これもまた「まえがき」でも言った通りです。すなわち、『老子』が説くのは、

「いかに自分の身を安全圏に置きながら、物事を成し遂げるかの理論と技術」


である。要は、人間社会を生き抜くための処世術であり、謀略術なのです。

こう書くと、古典の読み解き方としては、いかにも俗流ビジネス書めいた結論に見

えますが、ここではっきりさせておきたいのは、これが筆者の思いつきやこじつけではないということです。

むしろ、『老子』という書物は、その内容に批判的な人々から、つねに「卑怯な陰謀の本だ」「哲学書ぶってるが単なる処世術だ」などと罵られてきた歴史があるのです。

例えば、日本でも江戸時代に広く読まれた『老子』注釈書に、宋代に書かれた『老《ろう》子《し》鬳斎《けんさい》口義《くぎ》』というものがありますが、この本を見てもわざわざ序において「『老子』は陰謀・異端の書ではない」という主旨の弁解が書いてあるくらいなのです。

こうした評価は『老子』本文の内容が素直に読めば謀略術として読めてしまうことの裏返し。だからこそ、倫理道徳を重視する一部の学者たちには忌み嫌われたのです。

しかし、当然ですが、そうした『老子』の謀略術を正面から高く評価する人々も多くいました。

統治に使われた『老子』の謀略論

例えば、『老子』に書かれた謀略の理論は、政治に関心を持つ古代の知識人たちによっても研究され、一つの有名な統治技術を生み出すことになります。

それこそが「黄老之術」です。

これは『老子』の謀略論が、中国の伝説的な王・黄帝に仮託された政治思想と合流して生まれたもの。『老子』の説く「道」の力学に基づき、「無為」の手法などを用いることで、「為政者がいかに人民の反発を避けながら、安全に国を統治するか」を追求した統治技術です。

この「黄老之術」は、かの劉邦によって建国された漢帝国初期に実際に使用され、それに則った政治が行われました。

その一例として、漢帝国建国の功臣である曹参《そうしん》が配下の斉国の丞相《じょうしょう》（総理大臣のような地位）として統治を任された際に「黄老之術」を使って統治したことが、次のように伝えられています。

「参が斉の丞相であったとき、斉は七十城を支配していた。……参は長老や学者をすべて召し出し、人民を安定させる方法を訊ねた。斉の民間には昔から儒学者が数百人おり、発言は人それぞれで異なった。参は心を決めかねていた。

膠西《こうせい》の西に蓋公《がいこう》という人物がおり、〝黄老〟の説に詳しいと聞き、人をやって手厚い贈り物を持たせて彼を招聘した。

蓋公に会見すると、蓋公は彼のために政治の道は静静を貴ぶ、そうすれば民は自然に安定すると進言し、この類のことを敷演して詳しく説明した。参はそこで正堂（丞相の政堂）を空けて蓋公を住まわせた。その統治の要所は〝黄老の術〟を採用した。そのため斉の丞相たること九年、斉国は安定し、賢相と盛んにたたえられた」――『史記』曹相国世家《せいか》（今鷹真訳　岩波文庫　改行と黄老の字の強調記号は著者が加えた）

この『老子』の謀略論が生み出した「黄老之術」という統治技術は、続く中国古典にも大きな影響を与え、日本の十七条憲法（聖徳太子のアレです）成立にも影響を与えた法学書『韓非子《かんぴし》』、古代中国の政治理論を集大成したと言われる『淮南子《えなんじ》』などを生み出すことにもなります。

毛沢東は『老子』を戦略書として愛読していた

もう一つ、『老子』の謀略論が影響を与えた分野として、軍事学があります。

中国古典を現代の戦略学の観点から研究しているデレク・ユアンは、はっきりとこう言っています。

「老子の『道徳経』は、西洋では「哲学書」として知られている。ところが中国で

は戦略書〔兵書〕としてみなされることが多い」――『真説 孫子』（奥山真司訳　中央公論新社）

実際、『老子』の謀略論は、軍事学の古典『孫子』や続く兵法書に明らかな影響を与えていますし、唐代には『老子』自体を戦略論として読み解く『道徳真経論兵要義述《どうとくしんけいろんへいようぎじゅつ》』という有名な書物が書かれています。その後も『老子』は、今に至るまで戦略の分野で参照され続け、かの毛沢東もまた『老子』を戦略書として愛読していたそうです。

ちなみに日本においても、広く漢籍が研究された江戸期には、『老子』を戦略論として読み解いた『老子是正』『老子兵解』といった注釈書が書かれました。

仮に『老子』が世間で言うような「流れに身を任せよ」「あるがままでいい」と教えるだけの単なる哲学書なら、敵に勝つことを目的とする軍事戦略の分野で参照されるなどあり得ないことでしょう。

『老子』謀略論は正当な解釈である

以上、『老子』の謀略論が、実際に軍事や政治といった実践的な分野に影響を与え、活用されてきた例を見てきました。ここからも分かるように、『老子』を謀略術として読み解くのは、一つの伝統的な解釈なのであり、正当な読み方なのです。

ここまで確認したところで、次に、『老子』の内容には、中国戦国時代という時代の生んだ、そして今の時代にも多くの人が信じている、ある一つの価値観へのアンチテーゼがある、という話をしたいと思います。

これは『老子』謀略術の根幹となる話です。

1-3 『老子』謀略術は、「行動原理主義」へのアンチテーゼである

『老子』の思想は、ある考え方を徹底的に粉砕することを目的としています。それが、

「本人の意志と行動さえあれば、現実はどうとでも変えられる」

というもの。

これを本書では「行動原理主義」と名づけることにします。

行動原理主義は、人間の行動ではどうにもならない「力」を認めないか、その「力」を非常に軽く見積もるというところに特徴があります。

これは今でもそこらじゅうで目にするものでしょう。

例えば、ちょっと前からよく耳にする言葉として「自己責任（論）」というものがあります。

これは要は、あらゆる成功や失敗を本人の意志と努力の問題に帰して責任を問う考え方ですが、これだって根底にあるのは、それだけではどうにもならない現実（の持つ「力」）を想定しない行動原理主義なわけです。

そして、実はこの行動原理主義こそ、『老子』当時の時代において、欲望に駆られる王や諸侯、知識人たちが信じた考え方でした。

行動原理主義は「迷信の否定」から始まった

中国において行動原理主義が芽吹き始めたのは、『老子』の書かれたときより一つ前の春秋時代（戦乱の時代はここから始まっています）。それはまず「迷信の否定」という形で出現しました。

それがよく分かる例を挙げてみましょう。

『史記』の「斉太公世家」によれば、斉国の名宰相・晏嬰《あんえい》は、人民を搾取し富をむさぼる主君・景公が、空にあらわれた不吉な彗星《すいせい》を恐れ、お祓いをしようとするのに対し、次のように言い放ったと言います。

「人民の苦しみと怨みの声が何万の口から出ているものを、祈禱師一人の口からお祓いをさせたところで、彗星は消えません」

このエピソードにおいて、晏嬰は「大切なのは天への祈りより、正しい政策だ」と主張しているわけです。

それまでの古い国家の運営は、極端な言い方をすれば、自分の政策が天の意志にマッチしているかどうかがすべてでした。そのため、為政者は事あるごとに占いをし、お祓いをし、天にお伺いを立てていました。

ここにあるのは、「物事は、人間の意志や行動だけでどうこうなるものではない」「人間の次元を超えたところにこそ、物事を左右する力が存在する」という考え方です。

しかし、晏嬰の発言を見ても分かるように、そうした気分も、時代が戦乱期になるにつれて、希薄になっていきました。

というのも、各国の王や知識人は、富や領土へのあくなき欲望の中で戦争や権力闘争を繰り返すうち、天といった人間を超えたものに従うよりも、自分自身が行動を起こし、競争の世界に飛び込んで勝利するほうが「成功」のためには、はるかにものを言うように感じたからです。

彼らの心中には、こんな言葉があったのではないでしょうか？

「占いをする暇があったら、政策や戦略の一つも立てたほうがいい。物事の結果は、自分の行動次第でどうとでもなる。天など知ったことか！」

実際、戦国時代の思想・哲学には、彼らのそんな考え方を裏書きするものが見られます。

例えば、当時の兵法書『尉繚子《うつりょうし》』は「いくら天を占っても人事を尽くすことには及ばない（天官時日は人事に若かず）」（天官篇）と説きましたし、儒教のビッグネームの一人・荀子《じゅんし》は人の行いと天の動きには何の関連もないとする「天人の分」という理論を提唱したことで知られています。

つまりは、ここに行動原理主義が誕生したわけです。

そして、そうした時代の雰囲気の中、各国の王は手を尽くして隣国の領土を奪い取り、その家臣は手を尽くしてライバルを蹴落とし、知識人は手を尽くして権力者に売り込みをかけた。それで幸福をつかむことができると彼らは信じたのです。

行動に次ぐ行動。それが彼らの生き様でした。

そんな世の中で密かに思索を深め、当時の行動原理主義に痛烈なカウンターを放った人物こそ、『老子』の著者たちでした。

彼らは、むしろ天の持つ力を積極的に認め、その力が現実世界にどのような影響を及ぼしているのかを観察し、その中で「成功」するための謀略術を練り上げたのです。

老子の発見した現実を司る「法則」

ここで、我々が現在目にする『老子』という書・思想の成立の流れを想像してみましょう。

『老子』が生まれるきっかけを作った「最初の老子」がどういう人物だったのか、それはよく分かりません。章の冒頭にも触れたように、彼の素性はまったくの不明だからです。

ただ、確かなのは、彼は当時誰もが信じていた「もっと富を」「もっと名誉を」「もっと行動を」という価値観から精神的に距離をとり、無欲の境地に立つことのできた人物だったということです。

彼は、ある日、瞑想でもしていたのでしょうか、日々の出来事の奥に現実を司る「あるもの」があることを直感します。これこそ『老子』の教えの根幹である「道」。古の人々の信じた天の正体でした。

ただし、これはいまだ一種の神秘体験に過ぎず、実感はあっても言葉にも言い表せないようなものでした。それがかろうじて謎めいた言葉とともに教えとして残された。

これが『老子』という書の始まりです。中に時折見られる難解で神秘的な記述はその名残なのです。

「道」の根本法則

そして、おそらくそうして残された「最初の老子」の言葉に触発された「続く老子たち」の一人が、「道」への直感を心に抱きつつ、当時の争いの絶えない日々の出来事を見つめていると、次のようなことが目に入ってきた。

「より多くを求めて行動する人間は、決まって苦しんでいる」
「練りに練ったはずの計略も、簡単に破綻する」
「強いはずの権力者が、簡単に殺されていく」
「無名の庶民の中にも、幸せそうな人がいる」

それらを見ていくうち、言い表しがたい「道」は、現実を支配する一つの具体的な法則となって見えてきます。それは、人間がいくら工夫や行動をしても決して逆らうことのできない絶対的な法則であり、当時の行動原理主義者たちがまったく見落としていたものでした。それが、

「プラスの世界に生きる者にはマイナスが与えられ、マイナスの世界に生きる者に

はプラスが与えられる」

というもの。

法則の意味については、次の章で詳しく解説しますが、ここでいったんごく簡単に説明すれば、「プラスの世界」とは競争の世界、「マイナスの世界」とは不争の世界のこと。プラスの世界にいる限りは、その人間がいくらうまく行動をしようが、いずれは不幸になるし早く死ぬ、というのが彼の結論でした。

彼に言わせれば、当時の権力者や知識人は、人間の意志と行動の力を盲信するあまり、この法則の持つ力に気がつかずに死期を早めている愚かな人間ばかりだったのです。

哲学から常識に反する謀略術へ

ただし、ここで「そういうものだ」という抽象的な哲学に終わることがなかったのがすごいところです。

さらに『老子』の思想は、その後の「続く老子たち」によって、「プラスの世界に生きるものにはマイナスが与えられ、マイナスの世界に生きるものにはプラスが与えられる」という「道」の法則をいかに利用するか？　という方向へと内容を発展させていきます。

つまり、戦乱期の混沌の中で現実の課題を解決するための具体的な理論と技術へと完成していった。そして、その結果として生まれたものこそ、強さよりも弱さ、有名よりも無名、見える行動よりも見えない行動を武器とすることで、自分の身を安全圏に置きながら、物事を成し遂げる独特の謀略術であり、我々が現在目にする『老子』という書なのです。

『老子』の中には、その教えの特徴を一言で表す次のような言葉があります。

> 古の「道」を握って、それによって今の物事を制御する（古の道を執りて、以て今の有を御す）（第十四章）

すなわち、

『老子』謀略術とは、天の持つ力を尊重する古の教えを実践的な謀略術として復権させたもの

なのです。

以上、『老子』の著者たちが行動原理主義へのアンチテーゼとして、独特の謀略術を生み出すまでを一連の流れとして追ってきました。

では、そのようにして生まれた『老子』の謀略術とは、実際にはどのような内容のものだったのか？　次章からはいよいよその中身について見ていきましょう。

※『老子』という書が、神秘体験の記述からより具体的で現実的な内容へと発展することで完成したものであるという見方は、小池一郎氏の論文「帛書老子文體考」（『中國文學報』1978年）などを参考にしています。

第2章

「道」は成功者を必ず殺す

『老子』が喝破した世界の仕組みとは？

2-1 現実は「道」によって動かされている

ここからは、いよいよ『老子』に書かれた内容に入っていきます。

まずは、『老子』の著者が、どのような世界観を持っているのかという話から始めます。つまり、現実がどのような仕組みで動いていると彼が考えていたのか？　そこを踏まえずに、『老子』に書かれた具体的な謀略術の内容を理解することはできないのです。

そして、『老子』の世界観を見るにあたっては、どうしても「道」の解説から始める他ありません。どんな立場から『老子』を読むにせよ、その思想の根底に「道」という概念があることは、衆目の一致するところだからです。

目安として先に書いておきましょう。「道」とは、『老子』の著者が発見した「現実を司る何か」のこと。

では、『老子』の本文は、「道」をどのようなものとして描いているのか？　そこから見ていくことにします。

「道」への直感

『老子』という書をはじめて読んだ人が必ず困惑するのが、「道とは何か？」について語る章の難解で神秘的な表現です。要は何が書いてあるのかよく分からない。例えば、次のような感じです。

「道」が存在としてあらわれるそのありさまは、（まずは）ただぼんやりうっとりとしている。（続いて）うっとりぼんやりとしたその中に形があらわれ、（次に）ぼんやりうっとりとしたその中に存在があらわれてくる。

奥深く暗いその中に精髄がある。その精髄がこの上ない真理であり、その中に信ずるに足るものがある（第二十一章）

これを見ようとしても見えないこと、これを「微」という。これを聞こうとしても聞こえないこと、これを「希」という。これをさすっても手ごたえのないこと、これを「夷《い》」という。この三つの性質は突き詰めて考えることもできない。

> したがって、混ぜ合わせて、もとの「一つ」にしておく。
> その「一つ」は、その上のほうは明るくはっきりした様ではなく、その下のほうは暗くあいまいな様ではない。つねに動くこと極まりないものであるから、名づけようもなく、存在のない状態に帰っていく。これを「ありさまのないありさま（無状の状）」「存在のないもののかたち（無物の象）」といい、これを「うっとりぼんやりしたさま（惚恍）」という。これを迎えてもその頭は見えず、これについて行ってもその後姿は見えない（第十四章）

この二つの章は「道」がどのようなものであるかを直接描写したものとして有名な箇所です。

それにしても、なぜこんなに分かりにくいのか？

それは、『老子』の著者が「道」の存在を感知した際の神秘体験を、直接文字にしているからだと言われています。要は、言葉にできないフィーリングをあえて言葉にしたのが、これらの文章なのであり、だからこそ謎めいて神秘的で理解がしにくい。

たとえれば、カンカン照りの夏の太陽（「道」）を裸眼で直視した人間が、そこで見た太陽の姿かたちを描写しているようなもの。確かに見えてはいるものの、強すぎる光の中で形も色も判然とはしないが、それでも他人に伝えるためにあえて何とか言葉にしているような。

それが、これらの章の難解な表現の正体なのです。

ただし、一歩引いてみれば、『老子』がこうした類の文章において伝えようとしていることは一つです。つまり、

「道とは何か？」については、感じることはできても、それについて言葉で考えることも、説明することもできない

ということです。

ただし、「道とは何か？」について直接考えることはできないが、「道が万物をどう動かすのか？」、その現実の中での法則については分かる。そう『老子』は言っています。ちなみに、『老子』の言う「万物」とは、この世のあらゆる存在のことを指しますが、基本的には人間のことが念頭に置かれています。

「道」はどのように動くか？

「道」が万物を動かす法則については、非常にシンプルな説明が一つあります。すな

わち、万物はつねに「帰る（反る）」のです。

虚心になることを極め、静かな気持ちをしっかりと守る。そうすると、万物がみな生まれては変化していく中で、私にはそれらが〝帰っていく〟のが見えた。そもそも万物はさかんに活動しては、みなその根本に帰っていくのだ（第十六章）

「反」（帰ること）は「道」の動きの原則であり、「柔弱」は「道」の戦略である。天下の万物は有から生じ、有は無から生じる（第四十章）

私は、その名を知らない。仮の字《あざな》をつけて「道」と呼び、強いて名をつけて「大」と呼ぼう。「大」とは「逝」（逝くこと）であり、「逝」とは「遠」（遠ざかること）であり、「遠」とは「反」（帰ること）である（第二十五章）

とくに三つ目に挙げた第二十五章に注目してみると、『老子』の著者は、「道」がこの世の万物を動かす法則を三つの段階で理解していることが分かります。すなわち、

❶「逝」……万物は行く

❷「遠」……行った万物は遠ざかる

❸「反」……遠ざかった万物は帰ってくる

これがこの世における万物の法則なのです。人間だって誰もがこれに従って動いている。

ただし、ここまで読んだ読者のみなさんの感想はこうでしょう。

「抽象的でよく分からん！」

その通りです。

この「逝」「遠」「反」というのも、正直これだけを単独で見ても何のことやらさっぱり分からない。これらも先ほどの「道」の描写同様、依然として神秘体験をそのまま言葉にした「太陽直視式」の表現になっているからです。

『老子』は神秘を神秘のまま放置しなかった

我々が本当に知りたいのは、こうした「万物は帰る」という法則が、現実においてどのような出来事として目の前に現れてくるのか？　でしょう。

そこが分からなければ、「万物は帰る」という法則を聞いたところで、たまの法事で聞くお経みたいなもので、「意味は分からないけど、ありがたいんだろうな」で終わってしまいます。

にもかかわらず、ここら辺の話になると、ほとんどの『老子』解説書は、決まって途端に歯切れが悪くなります。「帰るとは根源に帰るのだ」のような言葉を繰り返すばかりで、それが具体的に何のことなのかを教えてくれないのです。

しかし、『老子』の著者は、「万物は帰る」の具体的な中身について、ちゃんと書いています。

では、「道」が万物を司る際の「万物は帰る」とはどのような法則なのか？　その中身について見ていきましょう。

2-2

世界は二つに分かれている——プラスの世界とマイナスの世界

『老子』の著者が、思索を深める中でたどり着いた結論が、第七十七章です。

ここには、我々が生きているこの現実の中で、「道」がどのように万物（主に人間）を動かすかが、より具体的に書かれています。これを見れば、「万物は帰る」という法則の正体が徐々に見えてきます。

万物はどこに帰るのか？

第七十七章には以下のようにあります。

> 天の「道」は、弓の弦を張るようなものだ。高いものはこれを押さえこみ、低いものはこれを持ち上げる。余りあるものはこれを減らし、足りないものは補う。

天の「道」は、余りあるものを減らして、足りないものを補うのだ（第七十七章）

この「余りあるものを減らして、足りないものを補う（余り有る者は之を損し、足らざる者は之を補う）」という「道」の動きについては、よく解説書で「『道』が万物に公平であることを説いている」などとさらっと説明されますが、それ以上の重要な意味があります。すなわち、ここに書かれていることこそが「万物は帰る」の内容なのです。

「余りあるものを減らして、足りないものを補う」とは、より現代の我々に分かりやすい表現に言い換えれば、つまりこういうことです。

「プラスに対しては、それを減らすマイナスのベクトルが働き、マイナスに対しては、それを増やすプラスのベクトルが働く」

これが「道」が万物を動かすやり方なのです。

万物はみなゼロに帰る

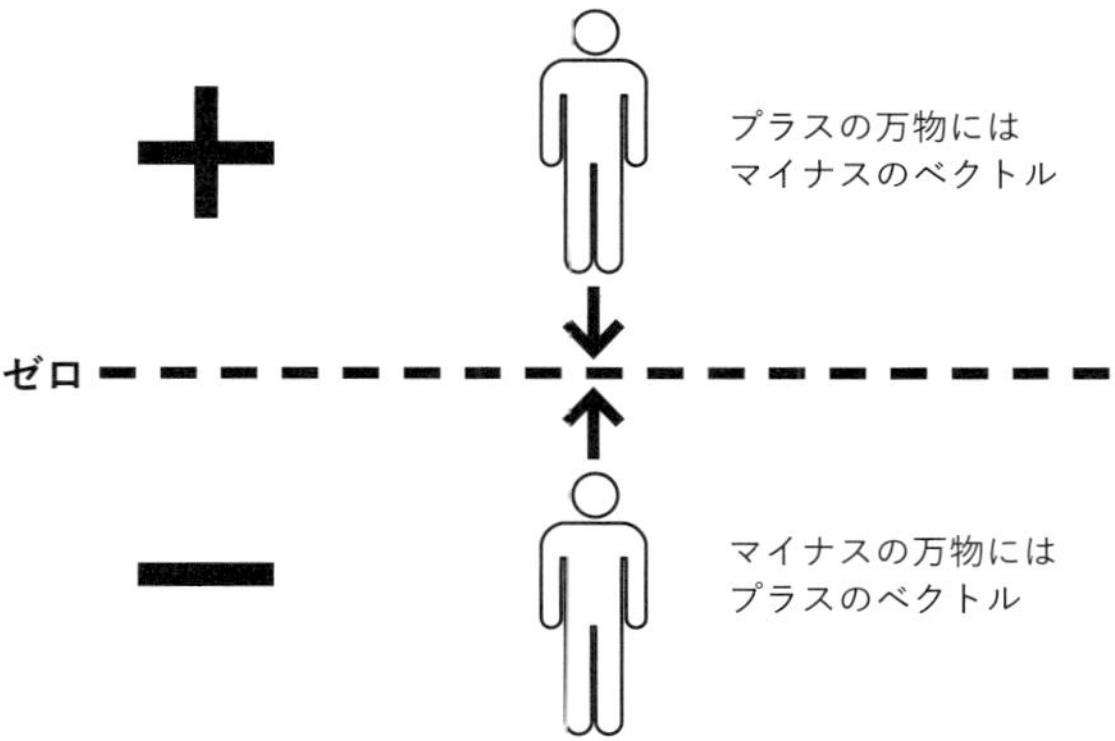

万物はゼロに帰る

そして、ここまで考えると「万物は帰る」の意味も見えてきます。

つまり、プラスになったものはマイナスされるわけですから、その帰る先はゼロ。一方でマイナスになったものはプラスされるわけですから、これも帰る先はゼロ。

つまりは、

「万物はみなゼロに帰る」

のです。これを図にすれば上の図のようになります。

例えば、『老子』の扱う代表的な万物である人間を例にとれば、プラスの状態の人間には必ずマイナスのベクトルが働いてゼロに帰っていき、マイナスの状態の人間には必ずプラスのベクトルが働いてゼロに帰っていく、ということです。いずれにせよ、人間はゼロに帰っていくことになるのだ、これが現実なのだというのが『老子』の教えなわけです。

もちろん、まだまだ話は抽象的。

しかし、とりあえず、ここで一つ分かってくることがあります。それが、『老子』の考える「二つの世界」です。

プラスの世界とマイナスの世界

先ほどの図式によれば、私たちの生きる現実には二つの世界があることになります。すなわち、

A、ゼロラインより上にある「プラスの世界」
B、ゼロラインより下にある「マイナスの世界」

の二つです。

そして、これを先ほど見た法則と合わせて考えれば、

「プラスの世界にはマイナスのベクトルが働き、マイナスの世界にはプラスのベクトルが働く」

ということになります。

当然、「プラスの世界」と「マイナスの世界」という言葉は、筆者が説明の便宜上つけた名前。『老子』の著者自身は、この二つの世界について、これといった名前をつけないまま、様々な対比的なキーワードを使って描き出しています。例えば、次のように。

〝名誉〟と〝実生活〟はどちらが身近なものであろうか？
〝自分の身〟と〝財産〟はどちらが大切なものであろうか？（以上、第四十四章）
〝重さ〟は〝軽さ〟の根本であり、〝静かさ〟は〝騒がしさ〟の君主である（第二十六章）
〝貴いもの〟は〝賤しいもの〟を根本とし、〝高さ〟は〝低さ〟を基本としている（第三十九章）

〝雄〟を知って、〝雌〟であることを守れば、天下の谷となる
〝白〟を知って、〝黒〟であることを守れば、天下の模範となる
〝栄光〟を知って、〝屈辱〟に甘んじる立場を守れば、天下の谷となる（以上、第二十八章）

こうした『老子』に出てくる対比的なキーワードをそれぞれの世界に当てはめてみると、プラスの世界とマイナスの世界がそれぞれどんなものなのかが分かってきます。それが左の図です。

この図を見れば、何となくプラスの世界とマイナスの世界がどんなものなのかが分かってくるでしょう。

図の左側にあるものが重視されるのがプラスの世界、図の右側にあるものが重視されるのがマイナスの世界です。

つまり、プラスの世界とは、行動、高い地位、名誉と財産、賢さが重視される世界であり、マイナスの世界とはその反対に、行動しないこと、低い地位、実生活と自分の身、愚かなままでいることが重視される世界。

これを『老子』の内容全体を踏まえた上で、一言でまとめればこうなります。

『老子』の考える二つの世界のキーワード

プラスの世界	マイナスの世界
雄	雌
剛強	柔弱
争（競争）	不争（争わない）
為（行動）	無為（行動しない）
栄（栄光）	辱（屈辱）
貴（高い地位）	賤（低い地位）
名（名誉）	身（実生活）
貨（財産）	身（自分の身）
賢（賢くいること）	愚（愚かでいること）

プラスの世界……競争の世界
マイナスの世界……争わない世界

このような二つの世界が対立しながら、一つの現実を形作っているというのが、『老子』の世界観の前提だったわけです。

中国哲学の研究者・金谷治によれば、このような、反対のものが対立しながら一つの現実を形作る、という考え方は、「対待《たいたい》」と呼ばれ、古代中国人の伝統的な思考法でした（『易の話　『易経』と中国人の思考』金谷治編訳　講談社学術文庫　参照）。

現在でもよく耳にする「陰陽」という概念もその一例ですが、『老子』のこうした二世界観もまた、斬新なものというよりは、伝統的な「対待」の枠組みに則ったものだったと言えるでしょう。

「マイナスを生きよ」

そして、さらにここが大事なのですが、『老子』の根底には、どちらの世界を生きるのかは個人の選択だという考え方があります。「道」はそこを各個人に指定したりはしない。どちらの世界の住人になるのかは、個人の生き方の問題なのです。

ただし、『老子』は勧めるのです。

「マイナスの世界を生きよ」

と。

しかし、これはマイナスの世界を生きる人間が善良だとか、プラスの世界を生きる人間が邪悪だとかいう話ではありません。『老子』はそんな説教臭い倫理道徳は説かない。『老子』が説くのは、

「マイナスの世界を生きたほうがトクだ」

という話なのです。

しばらく触れなかったので忘れていたかもしれませんが、『老子』が説くのは、１章で書いたように、あくまで「いかに自分の身を安全圏に置きながら、物事を成し遂げるかの理論と技術」なのです。

こうした「道」の法則を利用するのも、自分が現実世界で生き残りながら、物事を成し遂げるためなのです。

では、なぜマイナスの世界に生きたほうがトクなのか？
次項では、そこを考えてみましょう。

2-3

『老子』の説いた、人間の運命の図式

前項までで見てきたように、『老子』の著者たちは「万物は帰る」という「道」の動きについて思索を深める中で、

「プラスの世界にはマイナスのベクトルが働き、マイナスの世界にはプラスのベクトルが働く」

という「道」の法則に行きつきます。

戦乱期を生きた二種類の人々

この法則は、おそらく戦乱期を生きる彼らが、次の二つの対称的な人々の姿を観察

することで至った結論でした。

A、競争の真っただ中で、より多くの富を求めて奔走した各国の王や知識人、武人
B、競争とは距離を置き、目の前の生活、周囲の人々のためだけに生きる一部の庶民

Aが本書で言うところのプラスの世界の住人、Bがマイナスの世界の住人です。

利益への積極性という意味では、どう考えてもAが勝ります。

自分の工夫と行動で利益を勝ち取ろうとしているからです。そして、仮に1章で言うところの行動原理主義が正しく、すべては個人の意志と行動次第ならば、彼らはみな、思うままに利益を得て幸福に暮らすはずです。

各国の王は莫大な富を手にし安楽に暮らし、知識人は仕官し、人からは尊敬され安泰。武人は戦場で手柄を挙げて英雄として名を残す。そうなるはずなのです。

にもかかわらず、実際のところ、それはむしろ逆でした。

こうした人間の末路はロクなことにならない。日々疑心暗鬼の中で苦しみ、せっかく貯め込んだ富を奪われ、戦場で戦死し、平時に謀殺され、人よりも早く亡んでいく。

そんな中、目を転じてみると、むしろBのような競争とは距離を置いた無名の庶民の中にこそ、幸せに暮らす人々がいたのです。

それは、『老子』の中で描かれる「小国寡民のユートピア」（二四五ページ）のような中央の争いの及ばないつつましい農村に暮らす人々だったのか、あるいは、街中に暮らしながらも、社会の潮流と適度に距離をとって暮らした人物たちだったのか。

ともかく、一見消極的に見えるそうした人々の暮らしのほうがよほど幸せであることに、『老子』の著者たちは気づいたわけです。

そして、こうした実態を見る中で、プラスの世界の人々に与えられるマイナスのベクトル、マイナスの世界の人々に与えられるプラスのベクトルを直感した。

このとき彼らの脳裏に浮かんだであろう一つの構図があります。それを図として具体的に書き出せば、次ページのようになるでしょう。

「不道は早く已む」──プラス世界の住人の生き方

まずはゼロラインより上にある「剛強の曲線」。

これが、当時「行動原理主義」を信奉し、プラスの世界に生きた人間の生き様です。

こうした人間は、富や名誉を求めて工夫や行動で上昇しようとします。

しかし、こうしたプラスへの上昇には、必ず「道」から物質的あるいは心理的損失

『老子』が説く人間の運命の図式

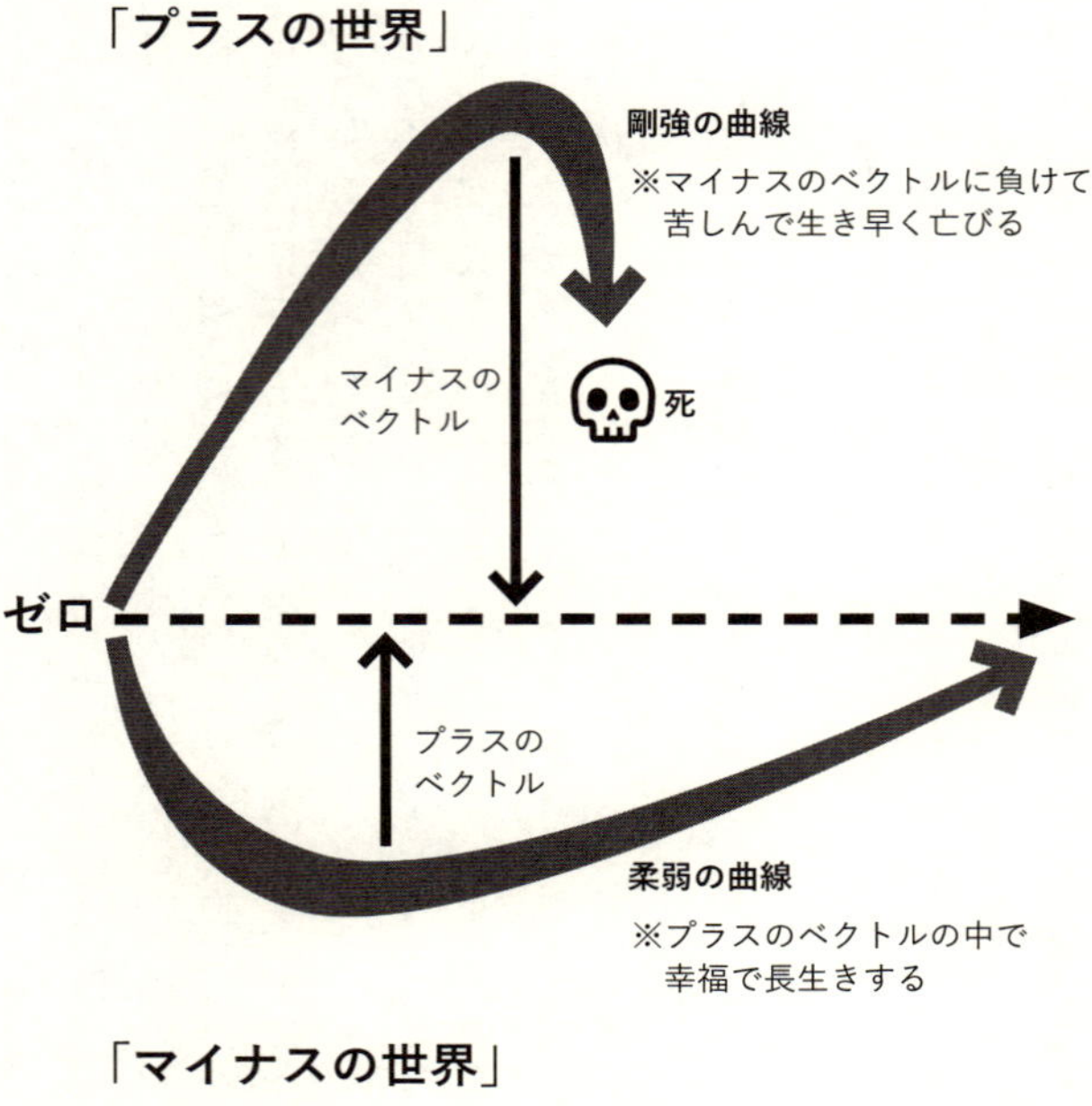

を与えるマイナスのベクトルが与えられることになる。つまり、彼らの上昇はつねにマイナスのベクトルに逆らっての上昇になるのです。

だからこそ、彼らの人生はつねに苦しみに満ちている。

そして、このマイナスのベクトルは上昇すればするほど強くなっていき、ついにそれに耐えられなくなると、その人間は一気にゼロに向かって墜落する。

すでに、第二十五章に書かれた、

❶「逝」……万物は行く
❷「遠」……行った万物は遠ざかる
❸「反」……遠ざかった万物は帰ってくる

という三段階の「万物が帰る」動きを紹介しましたが、まさにプラスの世界の住人は、1上昇し（「逝」）、2ゼロから遠ざかり（「遠」）、3墜落してゼロに戻るのです（「反」）。

これこそ、当時の競争・戦争に参加した人間がたどった運命であり、これを『老子』は次のように表現します。

人間は威勢よくさかんな状態になれば衰えに向かう。これを「不道」と言うのだ。「不道」は早く亡びる（物は壮《さかん》ならば則ち老ゆ。是を不道と謂《い》う。不道は早く已《や》む）（第三十章・第五十五章にもほぼ同文）

文中の「不道」とは「道」の法則に逆らっていること。

競争の世界の中で一見威勢よく見える人物も、実は「道」から与えられるマイナスのベクトルに苦しんでいるのであり、人より早く亡びるリスクが高い状態にさらされている。これが『老子』の結論でした。

「其の身を外にして身は存す」――マイナス世界に生きるという戦略

では、逆にマイナス世界を生きるとどうなるのか？　『老子』の著者たちが目にしたであろう競争とは距離を置いた無名の庶民の生き様とはどんなものだったのか？

それを表したのが、図のゼロラインより下の「柔弱の曲線」です。

ここでは、プラスの世界の住人とは逆の「逝」「遠」「反」があります。

彼らは、1自分からマイナスに急下降し（「逝」）、2ゼロから遠ざかり（「遠」）、3あとは「道」によるプラスのベクトルに身を任せてゼロに向かってゆるゆると上昇するのみ（「反」）です。

すなわち、彼らの生き様には、「道」に逆らうところがない。だからこそ苦しみもなく長く生き残るのです（厳密に言えば、最初に急下降する際にプラスのベクトルに逆らうことになりますが、いわばこれは「道」から与えられるボーナスを辞退するようなものであり、そこに苦しみはありません。この自ら降下することを「柔弱」と言いますが、その具体的な内容については次章で解説します）。

『老子』は彼らのこうした生き様を次のように表現しています。

> 天は長くほろびることがなく、地もまた久しくほろびることがない。天地が長く久しいものであることができるのは、ことさらに生きようとしないからである。だからこそ長く生きることができるのだ。
>
> こうであるから、聖人は、自分の身を他人の後にすることで、かえって先んじ、自分の身を現実の外に置くことで、かえって自分の身を現実の中で保つ。
>
> これは、自分のためという姿勢がないからではなかろうか。だからこそ、自分のために物事を実現できるのだ（第七章）

文中の「聖人」とは、「道」の法則に従う術を身につけた人間のこと。「有道者《ゆうどうしゃ》」とも言い、いわばマイナスの世界に生きることを極めた達人たちです。『老子』の著者たちが目にした、無名ながら幸せに生きた一部の庶民たちの中にもまた、「聖人」かそれに近い存在がいたのかもしれません。

彼らは、人に先んじず、競争の外に身を置きながらも、結果としては、見事に人に先んじ、長く生き残ることができる。そんな不可能が可能になるのは、ひとえに天地を模範とした「道」の在り方に従っているからであり、自らマイナスに降下することで、プラスのベクトルを身に受けることができるからだと、『老子』の著者たちは喝破したわけです。

だからこそ、『老子』謀略術では、何よりもマイナスの世界を生きることを勧める。「マイナスを生きたほうがトクだ」という話になるのです。

そして、最後に結論として書かれている次の一文がとくに重要です。

「これは、自分のためという姿勢がないからではなかろうか。だからこそ、自分のために物事を実現できるのだ（其の私無きを以てに非ず耶《や》。故に能く其の私を成す）」

すなわち、より『老子』の著者の意図をはっきりとくみ取った言い方をすれば、マイナスの世界を生きるという行為は、「自分のために物事を実現する（能く其の私を成す）」という目的のために、「自分のためという姿勢をとらない（無私）」という手段を用いる、いわば一つの「戦略」なのであり、単に消極的な生き方を勧めているわけではないのです。

一つの疑問

しかし、ここまで話が進んできて、みなさんの脳裏には、いよいよ一つの疑問がハッキリと浮かんできたのではないでしょうか？

すなわち、プラスの世界の人間に損失を与え亡ぼすマイナスのベクトル、あるいはマイナスの世界の人間に利益を与え上昇させるプラスのベクトルとは、いったい具体的には何を指すのか？　ということです。

そこで、次項では、それを考えていきましょう。

2-4 『老子』謀略術は、「感情力学」である

プラスの世界を生きる人間に損失を与えるマイナスのベクトル、あるいはマイナスの世界を生きる人間に利益を与えるプラスのベクトルとは、いったい何か？

すなわち、第七十七章の言葉で言えば、「余りあるものを減らして、足りないものを補う（余り有る者は之を損し、足らざる者は之を補う）」という「道」の働きとは、我々が生きる現実の中で、具体的に何がどのようになることなのか？

『老子』の至った結論から書きましょう。

正確なニュアンスをお伝えするために、やや持って回った書き方をすれば、次のようになります。

「道」のベクトルは、「周囲の人々の感情」という形をとって、我々の目の前に現れる。

日常において、「道」からのベクトルに気を配るというのは、周囲の人々の感情に気を配るということなのです。すなわち、マイナスのベクトルを避けるとは周囲の人々のマイナス感情を避けることであり、プラスのベクトルに乗るとは、周囲の人々のプラス感情に乗ることである。

『老子』は「感情力学」である

『老子』の著者がそのように考えていた証拠に、具体的な謀略論を説く際、彼が関心を持つのはつねに周囲の人々の感情なのです。

例えば、「他人を無理やり自分に従わせてはいけない」という教えを説く際に、『老子』の著者はこういう言い方をします。

> 大きな〝怨み〟を解いたところで、必ず残る〝怨み〟がある。それがどうして善いことであろうか。だからこそ、聖人は債権者として割符の左半分を持っていても、それで債務者を責め立てたりはしないのだ（第七十九章）

文中の「割符の左半分（原文は「左契」）」というのは自分の握った相手の弱み、責める材料くらいに考えればいいでしょう。

要は、相手の弱みを握ったからといって、それで相手を無理やり従わせてしまうと、そのときはよくても、必ず相手からの「怨み」を買う。そして、そうしたいったん買った「怨み」というのは、何をしてもきれいになくなることはなく、必ず自分に向けての潜在的な脅威として残ってしまう。だからこそ、人を無理やり従わせるようなことはしてはいけない、ということです。

また別の章で、見栄を張ったり、自分の功績や能力を周囲にひけらかすことを戒める際には、次のように言います。

> 背伸びをする者は長くは立っていられず、大股で歩く者は遠くには行けない。自分の目で見る者はよく見えず、自分を正しいとする者には物事があきらかにならない。自分で成功を誇る者は功がなくなり、自分で地位を誇る者は長く生きることができない。
>
> これらは、「道」においては、「よけいな食べ物、よけいな行動」という。人間はみなこれらを〝嫌う〟。だから有道者は、そういう立場に立たないのだ（第二十四章）

ここでもまた、『老子』の著者が、理由づけ・根拠として挙げるのは、「人間はみなこれらを嫌う（物或いは之を悪《にく》む）」という周囲の人々の感情であり、つまりは、それをすると嫌われるからしないほうがいい、という話なのです。

これらを見ても分かる通り、『老子』の著者の頭にあったのは一貫して、自分の身に何が起こるのかは周囲からの感情の合計とそのバランスによる、という一種の「感情力学」でした。

すなわち、周囲からプラスよりも多くのマイナス感情が来れば、自分の身に悪い出来事が起こり、マイナスよりも多くのプラス感情が来れば、自分の身にもいいことが起こる。だからこそ、いかにマイナス感情を避けて、プラス感情を身に受けるのか、それを追求する、それが『老子』の教えなのです。

非戦の教えの裏にあるリアリズム

ところで、『老子』の著者については、よく「平和主義者」あるいは「非戦論者」などという言われ方をします。

実際、アフリカで医療と伝道に従事し、日本でも偉人伝などでよく扱われるシュバイツァーや、『戦争と平和』などの作品で知られるトルストイも『老子』を読んだ際、その非戦の教えに感動したと言われています。

しかし、『老子』の著者が非戦論者であること自体は正しいにしても、それは「戦争という行為が邪悪だから」という倫理道徳の話では決してない。ここでも『老子』にあるのは先ほど見た感情力学なのです。

実際に、『老子』の非戦論が説かれている第三十一章を見てみましょう。

> いったい、武器とは不吉な道具であり、誰もがつねに〝嫌う〟ものだ。だからこそ、有道者は、それを使う立場には立たないのだ。
> ……武器は不吉な道具であり、君子の道具ではない。やむなくこれを用いる場合はあっさりと使うのが最上であり、勝ってもよいことだとしてはいけない。これをよいことだとすれば、人を殺すのを楽しんだことになる。人を殺すのを楽しむものは、自分の志を天下に果たすことなどできない。
> ……（戦争は）人を多く殺すのだから、哀しみの姿勢でこれにのぞみ、戦いに勝っても、葬礼の決まりに従う（第三十一章）

ここで『老子』の言いたかったことの眼目は冒頭の文章にあります。

「いったい、武器とは不吉な道具であり、誰もがつねに〝嫌う〟ものだ（夫れ兵は不祥の器なり。物或いは之を悪《にく》む）」

すなわち、『老子』が戦争を避けようとするのも、それをすると周囲の人間に嫌われるからなのです。

また、それに続く、「勝ってもよいことだとしてはいけない。これをよいことだとすれば、人を殺すのを楽しんだことになる（勝つも美とせず。而《も》し之を美とせば、是れ人を殺すを楽しむなり）」「人を多く殺すのだから、哀しみの姿勢でこれにのぞみ、戦いに勝っても、葬礼の決まりに従う（人を殺すことの衆《おお》ければ、悲哀を以て之に泣《のぞ》む。戦いに勝つも、葬礼を以て之に処《お》る）」というのも、明らかに戦争を遂行するにあたって、周囲からのマイナス感情を避けるための作法について説かれています。

つまり、ここで語られているのは、為政者として周囲のマイナス感情から自分の身を守るための純然たる謀略なのです。

先ほど『老子』の非戦論に感動した一人としてトルストイを挙げましたが、実は、この話には続きがあります。

彼が感動しながら読み進めていると、まもなく『老子』の内容が「やむなくこれを用いる場合は」などと戦争遂行の具体論に入り始めることに、途端に不満を抱いたと言われているのです。

しかし、これはトルストイが、端からモラルの話をしているわけではない『老子』のリアルな感情力学的戦争論に対して、勝手に高潔な倫理道徳を見出して、勝手に失望しているに過ぎないわけで、『老子』の著者にとってはまったくお門違いの非難だと言えるでしょう。

ちなみに、このように人の感情を得体のしれない「道」の次元からやってくる何かだとする考え方は、『老子』と並ぶ「道」の哲学の古典である『荘子』にも、次のように見られます。

「喜び怒り、悲しみ楽しみ、あるいは恐れたり嘆いたり、心変わりをしたり頑なになったり、浮わついたりハメをはずしたり、あけすけになったりなまめかしく振舞ったり。こうした心のありさまは、笛の音が空っぽの管からとびだし、湿気からキノコができるようなもの。昼となく夜となく目の前で生じたり消えたりはするが、それがどこから芽生えてくるのかを知ることはできない（喜怒哀楽、慮嘆変慹《しゅう》、姚《よう》佚啓態あり。楽は虚より出で、蒸は菌を成す。日夜、前に相い代わりて、其の萌す所を知る莫し）」（斉物論篇）

2-5

成功者はなぜ不幸になるのか

前項において、「道」から与えられるベクトルとは、周囲の人々の感情であると述べました。

この『老子』の結論を、「プラスの世界の人間にはマイナスのベクトルが与えられ、あるいはマイナスの世界の人間にはプラスのベクトルが与えられる」という「道」の法則に代入すれば、つまり、次のような法則が得られるわけです。

プラスの世界の人間には周囲からマイナス感情が与えられ、マイナスの世界の人間には周囲からプラス感情が与えられる。

ここで、プラスの世界とはどのような世界であったか、マイナスの世界とはどのような世界であったか、再び表を見てみましょう。

『老子』の考える二つの世界のキーワード

プラスの世界	マイナスの世界
雄	雌
剛強	柔弱
争（競争）	不争（争わない）
為（行動）	無為（行動しない）
栄（栄光）	辱（屈辱）
貴（高い地位）	賤（低い地位）
名（名誉）	身（実生活）
貨（財産）	身（自分の身）
賢（賢くいること）	愚（愚かでいること）

つまりは、左の項目を重視する人間には周囲からマイナス感情が集まり、マイナスのベクトルとして悪い出来事を起こし、右の項目を重視する人間には周囲からプラス感情が集まり、プラスのベクトルとしてよい出来事を起こす、というのが『老子』の謀略術のベースにある考え方なのです。

なぜそのようなことが起こるのか？

マイナス感情は人を亡ぼす

富や名誉のために競争の世界を生きるプラスの世界の人間は、自分の勝利の裏に敗者がいること、自分が高い地位と財産を手に入れる裏でそれを失っている人間がいることに無頓着です。せいぜい、敗者・失う側については、自己責任論で「工夫と行動が足りなかった」と断罪するぐらいで眼中にない。

しかし、彼らが、争っては勝ち、名誉と財産を集めるその周りでは、敗者・失う側の人間が怨みや怒り、嫉妬といったマイナス感情を確実に募らせている。その事に気がつかないプラスの世界の住人の姿を『老子』は次のように描写します。

朝廷の中は塵一つなく磨き立てられている一方で、田は荒れ放題で米倉も空っぽ。なのに、きらびやかな服を身にまとって、鋭い剣を腰に差し、あきるほど飲み食いをし、財産は有り余っている。これを大泥棒という。なんと「道」に反することよ（第五十三章）

こうした自分たちの勝利と搾取の陰で「田は荒れ放題で米倉も空っぽ」になっていることを気にも留めない彼らへの周囲のマイナス感情は、ある量を超えると様々な形をとって、実際にその人間の足を引っ張るようになります。

はじめは、下の人間の動きが少し鈍い、あるいは周りの人間の態度から愛想がなくなるといったものから始まるのかもしれません。

そして、それが、さらに競争の中で人から奪い、地位を高めるうちに、徐々に度合いを増して、やがては明確な敵意となって身に降りかかってくる。自分を陥れるための陰謀、反乱などの具体的な攻撃となって襲ってくるのです。

つまり、怨み、怒り、嫉妬などのマイナス感情の目には見えない集積が、いつの間にか具体的な威力をもって、その人間を亡ぼす。

これこそ、『老子』の著者がたどり着いた、富や成功を争った当時の各国の王や知識人、武人が決まって不幸になる原因であり、「『道』に反する（非道）」彼らの結末でした。

だからこそ、『老子』の中には全編にわたって、「勝つこと」「財産を集めること」「高い地位に就くこと」「名誉を手にすること」に対する極めて強い警戒感がある。そのどれもが、プラスの世界の振る舞いであり、周囲のマイナス感情を引き起こす事柄だからです。

マイナス世界にプラスの感情を向けるのは「自然」である

逆に言えば、争わず、すすんで人の下に立って生きるマイナス世界の人々に与えられるのは、周囲からのプラス感情です。具体的に言えば、共感や同情、優しさといった感情であり、それに伴って自然と周囲から助けの手が集まるわけです。

ただし、こう書くと、直感的に「それは絵空事だ」「きれいごとだ」という意見を抱く人も多いでしょう。「富に消極的で地位を求めない人間が、悪意にさらされ、周囲から攻撃されることもままあるではないか」と。

それは、確かにその通りです。

しかし、『老子』は、謀略術なのです。実際の現実社会を生き残り、物事を為すための技術なのです。だからこそ、まずは世の中が「基本的に」どうなっているのか、を冷静に考えなければいけません。

例えば、「弱きを助け、強きをくじく」という有名な言い回しで考えてみましょう。

これは、「弱い人」というマイナスの世界の住人にプラス感情を向ける「道」の法則に従った言葉です。だからこそ、言い古されているにせよ、それを口に出しても社会に自然と受け入れられる。「何でそんなことを言うんだ」などと訝《いぶか》しがられることなど、まずないでしょう。行動が伴えば尊敬すらされるかもしれません。

では、これを逆にして「強きを助け、弱きをくじく」と明確にマイナスの世界の住人に対してマイナス感情を向ける言葉にしたらどうでしょうか？　果たして、世の中で大っぴらに公言できるような「正論」として通用するか？。

通用しません。現実として、通用しないのです。

感情的にも多くの人にとって同意できないでしょうし、社会的にも人前で同意することなどできないでしょう。同意すれば「人でなし」だと思われるからです。

つまり、マイナスの世界にプラスの感情を向けるというのは、人間にとって心理的にも自然なものであり、対外的にも「正義」なのです。人間の感情には、こうした根本的な傾向が厳然とある。これこそが、「道」の法則として現にある、ということなのです。

「そうであること」と「そう思われること」

ただし、先ほども触れたように、個別の例を見ていると、競争もせず、富も持たず、名誉も持っていないようなマイナスの世界を生きる人々に悪意が向けられることがあるのも事実です。

これはなぜか？

もっとも大きな原因として、マイナスの世界を生きているにもかかわらず、周囲にそう「思われていない」ということがあります。

例えば、富を求めない人間であっても、そう思われず、「富を求めないふりをして富を求めている人間」だとされてしまえば、その瞬間から攻撃の対象になる。むしろ、分かりやすく富を求める人間よりも、よっぽどマイナスの感情の標的になってしまうわけです。

『老子』の教えは、そうした社会の現実を直視します。だからこそ、『老子』には、「マイナスの世界を生きよ」と勧めるにあたっても、次の二つの視点があるのです。

A、「実際そうである」という個人的な視点

B、「周囲にそう思わせる」という対人的な視点

『老子』は、感情の支配する現実において、自分が生き残り、物事を成し遂げるにあたって、「自分がそうであれば、周囲も分かってくれる」という楽観論はとりません。むしろ、「実際にそうであること」と同じくらい「周囲にそう思わせること」を重視するのです。そうでなければ、周囲の感情が渦巻く感情力学的現実の中で実際的な効果を持たないのです。

したがって、次章以降に出てくる『老子』の謀略術を見るにあたっても、それを学ぶものはつねにこの二つの視点を兼ね備えることを心掛けねばならない。

例えば、「知足」の教えを実行するならば、実際に「知足」であることと同時に周囲に「知足」であると思われなければならず、「無為」の教えを実行するならば、実際に「無為」を実行しながら、周囲から「無為」だと思われるように努めなければならないのです。

周囲の感情は「道」である

このように見てくると、今度は『老子』が、現実を司る天や「道」の存在など考慮

の外に置いて、周囲の人間の感情だけを行動の基準に置いたある種の無神論者のように見えてきますが、そんなことはありません。

この項の前半にも述べた通り、『老子』の著者たちは、周囲の人々の振る舞いや感情を、「道」の生み出すベクトルが現実に現れたものであると考えていました。つまり、「周囲の感情が生み出す出来事の流れ＝『道』の生み出す流れ」なのであり、周囲の人々の感情に気を配ることは、「道」に気を配ることと同じだったのです。

『老子』の世界観を追ってきた本章の最後に、そうした彼の神秘主義と現実主義がないまぜになった独特のフィーリングが表現された文章を見ておきましょう。

> 谷神は死なない。これを玄牝《げんぴん》という。玄牝の門は天地の根源である。はるか昔から存在し続けてきたようでありながら、いくらこれを用いても尽きることがない（谷神は死せず、是れを玄牝と謂う。玄牝の門、是れを天地の根と謂う。綿綿として存するが若く、之を用いて勤《つ》きず）（第六章）

これは、従来、ほとんど神秘思想的な観点からの難解な説明しかされてこなかった箇所です。

とくに最後の「いくらこれを用いても尽きることがない（之を用いて勤きず）」の

一文については、何が何を用いることなのか、解説書でもあまりはっきりと説明されることはありません。

しかし、『老子』を謀略術として、現実の出来事に寄り添って読む立場から解釈すれば、意外に明瞭な意味がくみ取れます。結論から書けば、これは、人間が「道」を利用することなのです。

全体の文意を追えばこうなります。

「谷神は死せず」とは、現実の流れの中ですべてのプラスとマイナスの人間を等しくゼロという谷へ引き込む「道」の姿をたとえたもので、それが不滅であることを言っています。

そして、この「谷神」は同時に「玄牝」つまり計り知れない女性（母親）であり、彼女の門（女性器のこと）は、天地の根源としてプラスとマイナスの感情というベクトルを生み出すことで、現実を司っている。

そして、こうした「道（谷神・玄牝）」の働きは太古から存在するものでありながら、謀略のためにいくら利用しても、いまだ尽きることのない無限の力だ、と言っているのです。

つまり、『老子』の著者にとって、「道」は尊ぶものであると同時に、利用するものだという明確な意識があったわけです。

では、どのように利用するのか？
いよいよ次章からはその具体論に入っていきましょう。

第3章

『老子』とは「道」を利用した戦略である

「反」と「柔弱」

3-1 「『道』と一体化する」とはどういうことか？

前章では『老子』の教えのベースにある、プラスの世界にはマイナスの感情が、マイナスの世界にはプラスの感情が向けられるという感情力学的な世界観と、「マイナスの世界を生きよ」という基本的な教えを確認しました。

本章からは、いよいよ『老子』の謀略術の具体的な中身に入っていくことにします。

『老子』は「成功」を重視する

はじめに確認しておきたいのが、『老子』は、この現実の中で何事かを成し遂げること、つまり、「成功」を重視しているという事実です。それは、『老子』文中にたびたび現れる次のような表現を見ても、明らかです。

（聖人は）〝成功〟しても、そこに安住しない（功成りて、居らず）（第二章）
〝成功〟して身を退けるのが、天の「道」に適った行いだ（功遂げて身退くは、天の道なり）（第九章）
（聖人が為政者として）〝成功〟し、物事をうまくやりおおせても、人々はみな「我々は自分からこうした」と言う（功を成し事を遂げて、百姓、皆、我自ずから然り、と謂う）（第十七章）
（「道」は）〝成功〟しても自分のものだと名乗らない（功成りて有を名のらず）（第三十四章）
聖人は、何かしてやっても見返りは求めず、〝成功〟してもそこに安住せず、自分の賢さを見せようとはしない（聖人は為して恃《たの》まず、功成りて処《お》らず、其れ賢を見《あら》わすを欲せず）（第七十七章）

『老子』の教えは、一般的なイメージでは、あたかも現実的な成功を遠ざけ、一身の安らかさだけを追求する教えであるかのような、それこそ、山奥の小屋で自然食を食べて瞑想して暮らすような感じを持たれがちですが、以上の文章を見ても分かるようにそれはまったくの誤解です。

『老子』の教えはそんなものではない。

むしろ、『老子』にあるのは、「この現実で安全に物事を成し遂げるには、どうすればいいのか?」という謀略なのです。

究極の成功を求めた『老子』

そして、さらに、ここで確認しておきたいのが、『老子』の著者の考える「成功」の中身です。彼は、具体的にどういうことを「成功」だと考えていたのか?

それは『老子』の中の次のような文を見れば分かります。

〝天下を取る〟には、つねに事を起こさないことである。事を起こそうとする姿勢では、天下を取ることはできない(天下を取るは、常に事無きを以てす、其の事あるに及びては、以て天下を取るに足らず)(第四十八章)

〝天下を取る〟ためにことさら何かをする、というのは、私はそれでうまくいった例を見たことがない(天下を取らんと将欲《ほっ》して之を為さば、吾れ其の得ざるを見る已《のみ》)(第二十九章)

正当な方法で国を治め、例外的な方法で武力を用い、事を起こさないことで〝天下を取る〟(正を以て国を治め、奇を以て兵を用い、事無きを以て天下を取

る）（第五十七章）

つまり、『老子』の著者が「成功」として念頭に置いたのは、「天下を取る」こと、すなわち、戦乱期の各国を平定し自らが天下全体を君主として治める、というとてつもないレベルのものでした。

もちろん、『老子』の著者が「成功とは天下を取ることであり、それ以外は成功とは呼べない」とまで考えていたかは分かりませんが、少なくとも、この現実の中で成し遂げるべきことの最大値として「天下を取る」という、とてつもないレベルまで見据えていたことは間違いないわけです。

そして、もう一つ注意しなければいけないのが、これを見ても分かる通り、『老子』における成功は、幸福感や充実感といった類の心理的・内面的なものではないということです。つまり、「成功だと自分が感じられれば成功だ」という理屈を『老子』はとらない。

「天下を取る」といった、れっきとした形ある外在的な成功、社会的に何らかの意味合いを持つような成功、つまり我々が普通にイメージする意味での成功を、『老子』の著者もまた成功だと考えていたということです。

では、どうすればそうした「成功」を手にすることができるのか？

そのために必要だとされるのが、「『道』との一体化」というプロセスです。

「徳」を身につけよ

『老子』について「『道』との一体化を目指す教えだ」という解説がよくなされます。まったくその通りであり、本書も異論のないところです。

では「『道』との一体化」とは、いったいどういうことなのか？

結論から書きましょう。

それは、「道」の持つ「徳」を身につけるということなのです。

「徳」とは、これも多くの解説書で言われるように、単純な倫理道徳のことではなく、「道」が現実を動かす際の作用の在り方であり、行動原理です。仮に「道」を擬人化して考えれば、「道」の持っているポリシーのようなもの。そして、そのポリシーを人間である我々が完璧に身につけたとき、「道」と一体化したことになる。

つまり、「徳」によって動かされている現実の中で、一人の人間が「徳」によって物事を成し遂げる。その状態を「『道』と一体である（道に同ず）」と言うわけです。

そのニュアンスを表現しているのが、例えば第二十三章の次の一文です。

物事をなそうとする際に、「道」に従っている者は「道」と一体であり、「徳」に従っている者は「徳」と一体であり、「道」を失っている者は、「道」を失った状態と一体となっている（第二十三章）

ただし、一般的な解説書が「徳」を解説する際には、神秘思想的な、あるいは哲学的側面から抽象的な説明に終始することがほとんどです。つまり、「徳」とは何か、何を身につければ「道」と一体化したことになるのか、について具体的な形で説明がされることはまずないのです。

しかし、本書は具体的な謀略術として『老子』を読み解く以上、あくまで具体的に「徳」について考えたいと思います。

『老子』は「徳」を定義しなかった？

物事を成し遂げる際に身につけるべき「徳」とはいったい何なのか？

それを考えるには、一つ問題があります。

実は、『老子』の中には、「徳」を身につけよ、と説きながら、「徳」自体を直接定義する文章がないかのように見えるのです（そのため、例えば、楠山春樹氏の『老子入門』は、「徳」を解説するにあたって、「『徳』についてはとくに概念を規定する文もないので、それを明示することには困難を覚えるが、いま用例を総合すると次のようである」という話の進め方をしています）。

例えば、『老子』が「徳」を比較的詳しく語っている第十章を見てみましょう。

> これを生み出し、これを養い、生み出して所有せず、何かしてやって見返りを求めず、育てても支配はしない。これを「はかり知れない徳（玄徳）」という（第十章・第五十一章にもほぼ同文）

ここで語られているのは、どちらかといえば「『徳』を身につけるとどうなるか？」であって、残念ながら「『徳』とは何か？」ではありません。

他にも、「豊かに『徳』を身につけた人間は、赤ん坊にたとえられる（徳を含むことの厚き者は、赤子に比ぶ）」と言って、赤ん坊のありさまと「徳」を身につけた人間のありさまの共通点を解説する第五十五章などもありますが、ここでも語られているのはあくまで「『徳』を身につけるとどうなるか？」。

これでは、例えば、「犬」という動物がどんな姿かたちなのかをズバリ知りたいのに、「飼うと心安らぐもの」「飼うと毎日散歩しなければならないもの」と説明されているようなもので、隔靴搔痒《かっかそうよう》の感がぬぐえません。

『老子』を神秘思想や哲学ではなく、謀略術として読む我々としては「徳」自体がどういうものか、もっと端的で具体的な定義が欲しいわけです。

「徳」とは「反」と「柔弱」である

そういう視点から『老子』本文を読んでいくとぶつかるのが、２章でも取り上げた第四十章です。

> 「反」は「道」の動きの原則であり、「柔弱」は「道」の戦略である（反は道の動、弱は道の用）（第四十章）

ここでは「道」がどのような動き方、あるいは作用の仕方をしているかを「反」と「柔弱」という二つの重要なキーワードを使って整理しています（原文の「動」を「動きの原則」、「用」を「戦略」と訳す解釈は、『老子』の最も伝統的な注釈である「河上公注《かじょうこう》」およびデレク・ユアン著『真説 孫子』を参考にしています）。

「徳」という言葉こそ直接使われていませんが、「徳」という言葉が「道」の作用の在り方を指す以上、本書ではこの二つの概念こそが「徳」の正体であると考えたいと思います。

少なくとも、『老子』の思想全体を見たときに、この「反」と「柔弱」こそが「道と一体化」するために身につけるべきものだと考えられていることは間違いない。そして、そこであえて『老子』特有の玄妙なニュアンスを振り切って、思い切って謀略術の観点から「徳」を定義してしまえばこうなります。

「徳」とは、「反」という原則の実行のために「柔弱」という戦略をとる姿勢である。

この「反」という原則、「柔弱」という戦略こそ、「道」が現実を動かす際の根幹にある「徳」であり、生身の人間が「『道』と一体化する」ために、そして『老子』の謀略術を実行するために従わなければならないものなのです。

では、「反」と「柔弱」とは、それぞれどういうものか？

次項では、そこを見ていきましょう。

「徳」とは何か？

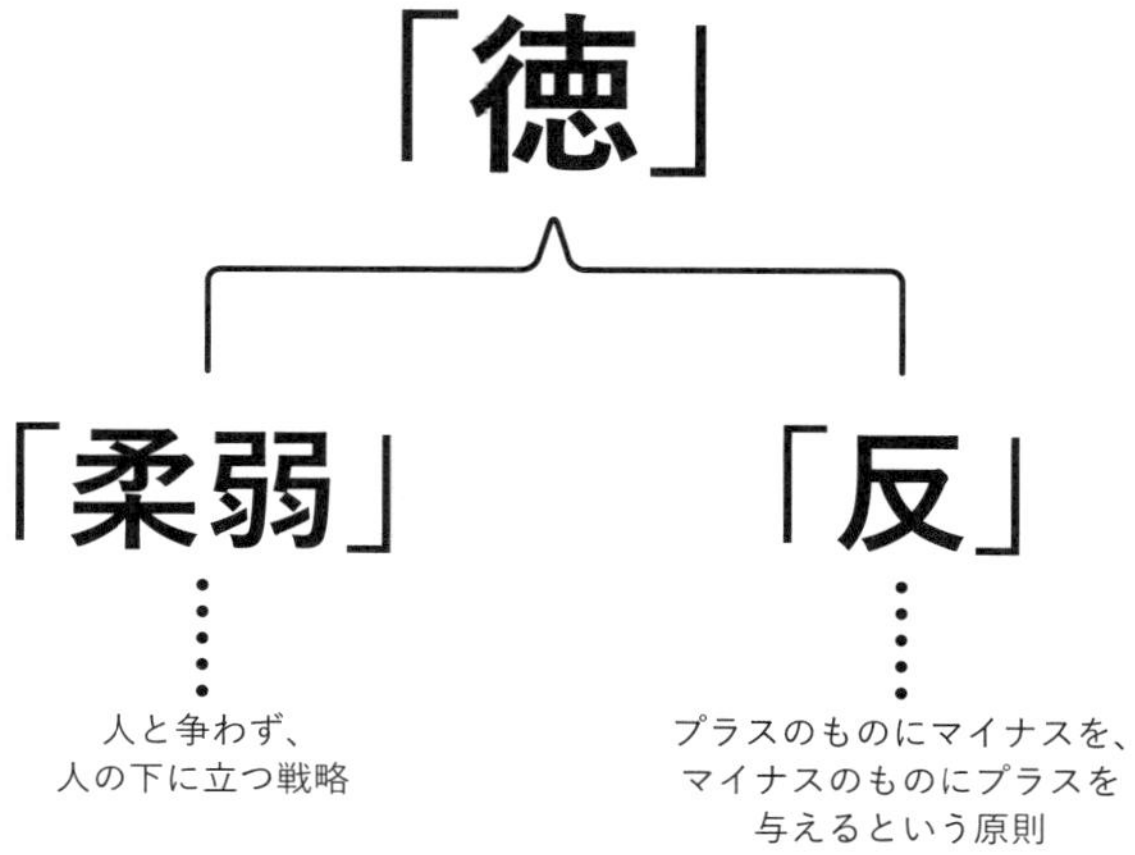

3-2 『老子』の説く、早く亡びる人間の生き方とは?

まずは「徳」の第一の要素である「反」とは、いったいどのようなものなのか?
その基本的な事柄については前章で説明しました。その内容をここで振り返っておきましょう。

「反」とは何か?

現実を司る「道」は、神秘的レベルから見れば、「反」すなわち「万物は帰る」という法則に従って動きます。そして、その神秘的法則は、より具体的には、次のように展開されます。

天の「道」は、余りあるものを減らして、足りないものを補う(天の道は、余

りて有る者は之を損し、足らざる者は之を補う）（第七十七章）

すなわち、プラスの世界の人間にはマイナスのベクトルを与え、マイナスの世界の人間にはプラスのベクトルを与え、すべてをゼロに帰す。これが現実世界で目にすることができる「反」の法則であり、その際のベクトルは周囲の感情として我々の目の前に現れる。これは前章で述べた通りです。

そして、ここでさらに話を一歩進めれば、我々が物事を成し遂げる場合にもまた、この「反」の法則を原則として行動しなければならない。これが「道との一体化」を旨とする『老子』謀略術の教えなのです。

「反」に逆らうものは死ぬ

前章でも詳しく見た通り、『老子』の著者の生きた当時において、各国の王や武人、知識人は、富や名誉を求めて競争を繰り返すプラスの世界に生きていました。そして、その結果として、周囲からのマイナス感情を身に受けることになり、苦しみながら生き、早く亡びていった。

では、なぜ彼らは、「死地」であるプラスの世界に入って帰ってこられなくなってしまうのか？

彼らの生き方の何が問題なのか？

その根本的な原因を描いているのが、先ほど引用した第七十七章の後半にある次の文です。

天の「道」は、余りあるものを減らして、足りないものを補う。
人の「道」はそうではない。足りないものを減らして余りあるものに奉ってい
るのだ（第七十七章）

プラスの世界を生きる彼らの従う論理は「弱肉強食」です。すなわち、強い者・富む者が、競争の中で弱い者・持たざる者から奪い取る。まさに「反」の法則とは真逆の「足りないものを減らして余りあるものに奉」るものだったわけです。

ここに『老子』の著者たちは、彼らの生き方の「道」とのミスマッチを見た。

すなわち、現実の根底に「余りあるものを減らして、足りないものを補う」という「道」による「反」の力が働いているのに、その中で生きる王などがそれとまったくの逆方向に力を浪費している。このことに、彼らがプラスの世界という「死地」に追いやられ、苦しむ原因があると考えたわけです。

だからこそ、続けて『老子』の著者はこう言います。

> だれが余りあるものを天下に奉ることができるだろうか。それはただ有道者だけである。
> そういうわけで、聖人は、何かしてやっても見返りは求めず、成功してもそこに安住せず、自分の賢さを見せようとはしない（第七十七章）

すなわち、「わが身の安全を守りながら物事を成し遂げる『聖人・有道者』でありたいならば、『余りあるものを減らして、足りないものを補う』という『反』を原則とせよ、『道』と同じ方向に力を使え」、ということです。

ちなみに、最後の一文において、『老子』の著者は「反」に従う聖人の姿を、「何かしてやっても見返りは求めず、成功してもそこに安住せず、自分の賢さを見せようとはしない（為して恃まず、功成りて処《お》らず、其れ賢を見わすを欲せず）」と表現していますが、これが第十章に書かれた「徳」を身につけた聖人の姿、「これを生み出し、これを養い、生み出して所有《しな》せず、何かしてやって見返りを求めず、育てても支配はしない（之を生じ、之を畜《やしな》い、生じて有せず、為して恃まず、長じて宰せず）」

に酷似していることは、「反」が「徳」の要素であることの一つの証拠になるでしょう。

「正」「奇」「無事」

では、「道」ではなく生身の人間である我々が「余りあるものを減らして、足りないものを補う」という「反」の法則を実行するとは、具体的には、何をどうすることなのか？

それを考えるには、『老子』が説く、物事を成し遂げるための三つのステップである「正」「奇」「無事」を理解する必要があります。人間の実行する「反」とは、すなわち「正」「奇」「無事」の各段階において、どう振る舞うかの指針だからです。

では、「正」「奇」「無事」とは何なのか？　次項ではそこを見ていきましょう。

3-3
「天下を取る」ための三つのステップ「正」「奇」「無事」

この章の冒頭で言ったように、『老子』の説く「成功」とは、決して内面的な成功、精神的な成功といったものではなく、「天下を取る」ことまでを見据えるような形があり、社会的な意味もある成功でした。要は、我々が通常思い描く意味での「成功」だったわけです。

そして、そうである以上、その種の成功は、安全なマイナスの世界に引きこもっていては、とても手にすることができない。どうしたって危険な競争の世界、プラスの世界に打って出なければいけないわけです。

しかし、前章まで見てきたことによれば、『老子』の基本的な考え方は「マイナスの世界を生きよ」というものだったはず。それと「プラスの世界に打って出て成功せよ」という教えは、どう関わるのでしょう。

プラス世界に入るのは、最小限にせよ

第五十七章には次のような一文があります。

> 「正」（正当な方法）で国を治め、「奇」（例外的な方法）で武力を用い、「無事」（事を収めること）で天下を取る（正を以て国を治め、奇を以て兵を用い、事無きを以て天下を取る）（第五十七章）

この文において、『老子』は、「正」「奇」「無事」という、一国の君主が「天下を取る」ための三つの段階を説いています（この箇所を天下を取るための三段階とする解釈は、池田知久著『『老子』その思想を読み尽くす』（講談社学術文庫）の見解などを参考にしています）。

これを「成功」全般に当てはまるように、かつプラスの世界とマイナスの世界という観点から見れば、こうなります。

「正」の段階……『老子』のスタンダード（正当）な方法を使って、富と名誉を争

わず、競争から距離をとることで、安全なマイナスの世界に潜伏して時機を待つ。

「奇」の段階……時機が来たら、例外的な方法を用いて、一気にプラスの世界に打って出て、敵を倒して成果を手にする。

「無事」の段階……成果を手にしたら、勝者・成功者としては君臨せずに身を退き、マイナスの世界に帰る。


これを図にすれば次ページのようになるでしょう。

形としては、このような急峻な山型になります。

つまり、この山型を作ることで、危険なプラスの世界に入る時間・期間を最小限にし、身の安全をはかりながら物事を成し遂げる、というのが、『老子』の教えだったのであり、『老子』で言う「マイナスの世界を生きよ」とは、実践としては「プラスの世界に入るのは、最小限にせよ」という意味だったわけです。

天下を取るための三つの段階

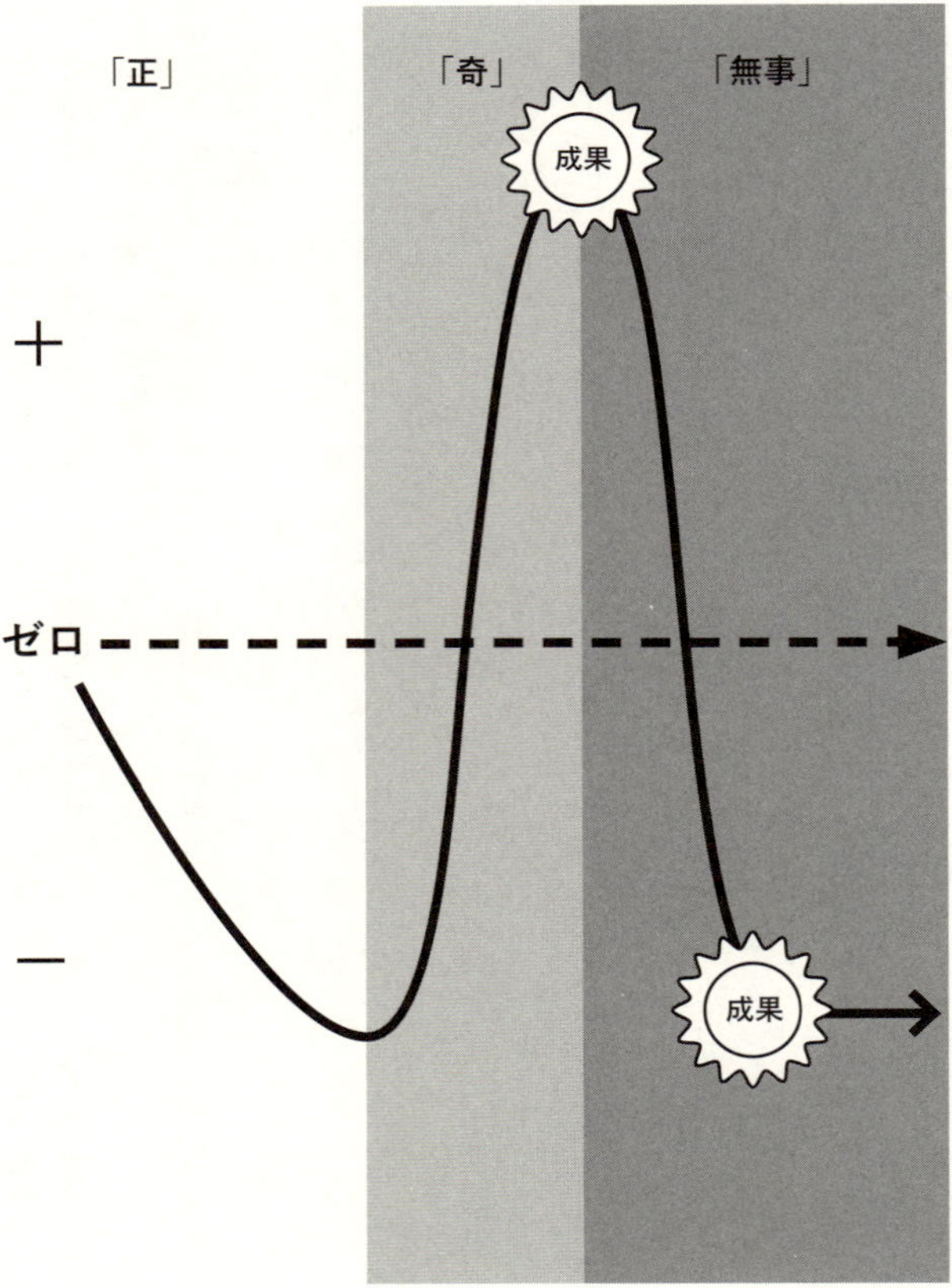

「反」は、物事を成すための羅針盤

そして、それぞれの段階において、いかに振る舞うべきかを教えてくれるのが、「徳」の第一要素である「反」の法則なのです。「反」の法則とは、今一度確認すれば、第七十七章にあるように、

「余りあるものを減らして、足りないものを補う（余り有る者は之を損し、足らざる者は之を補う）」

というものでした。

ここで問題は、「余りあるもの」とは何か？「足りないもの」とは何を指すのか？ということです。もっと具体的に言えば、いったい、誰の何を減らして誰に何を補うのか？ということです。『老子』を謀略術として読む以上、ここをはっきりさせなければならない。

結論から書きましょう。それは、「正」「奇」「無事」で入れ替わっていくのです。次のように。

「正」の段階……余りある〝自分〟を減らして、足りない〝周囲〟に補う。
「奇」の段階……余りある〝敵〟を減らして、足りない〝自分〟に補う。
「無事」の段階……余りある〝自分〟を減らして、足りない〝周囲〟に補う。

これこそが、「正」「奇」「無事」の各段階における基本的な行動方針なのです。とは言っても、もちろん、これだけではよく分からないでしょう。一つずつ説明していくことにします。

「正」の段階……余りある自分を減らして、足りない周囲に補う

「正」の段階とは、先ほども書いたように、競争から距離をとって時機を待つマイナス世界での潜伏期間です。では、この段階における行動方針である、

「余りある自分を減らして、足りない周囲に補う」

という「反」の法則。これは、具体的に言えばどう行動することなのか？

これは、自分が他人より多く持っている要素を減らして、あるいは費やして、それが足りずに困っている周囲に還元するということ。万事において、「自分を下げて他人を上げる」という方向にまい進するということです。

例えば、余分に持っている物資は、足りない他人に譲る。他人より財力を持っていれば、困っている周囲のために使う。自分の労力を費やして、他人のために奉仕する。自分の地位が高く人の上に立っているのならば、その分自分から謙遜して下の人間を持ち上げる。

その際の具体的な人物像をキーワードとして挙げれば、質素、実直、献身、謙遜、優しさ、人助け、正義感、争い嫌いなどとなるでしょうか。

このような方針と態度で行動する人間には、周囲から恨みや憎しみといったマイナス感情が向けられることがない。それどころか、信頼や人望が蓄積してくる。つまり、周囲からのプラス感情（「道」からのプラスのベクトル）が集まってくるわけです。

これがマイナス世界に潜伏するということであり、人生において最も安全に生きる方法なのです。

そして、こうした「正」の段階での感情的な蓄えがあれば、いざ「奇」の段階でプラス世界に打って出た際にも、周囲からのマイナス感情、例えば「自分の利益のために他人を追い落とそうとしている」などという印象を、完全にではないにしてもある程度避けることができる。むしろ、「あの人のすることだから、理由があるんだろう」「やむにやまれずのことなんだろう」とさえ思ってもらえる。

すなわち、「正」の段階において「反」の法則に従って行動しておけば、打って出る際に「感情力学」的に有利な状況に自分を置くことができるのです。

ただし、「余りある自分を減らして、足りない周囲に補う」という行動方針が正しいとしても、実際にそれを実行するのは、なかなか難しいものがある。人間には欲求があるからです。自分が余らせていてもさらに欲しくなるのが人間というものでしょう。そこで大切なのが、4章で紹介する「知足」を中心としたメンタルセットなのです。

「奇」の段階……余りある敵を減らして、足りない自分に補う

次に「奇」。時機が来たのを見極めたら、危険な競争世界に打って出て成功を収めるプラスの世界への進出の段階です。この段階における行動方針は、

「余りある敵を減らして、足りない自分に補う」

という「反」の法則です。

これは、より具体的に言えば、強い競争相手を倒して、成果を手にするということです。

ただし、ここで必要なのは直線的な力押しではありません。相手を叩きのめせば、それでいいわけではない。そんなことをすれば、倒した相手や周囲から、怨みや憎しみのマイナス感情をもろに浴びることになるからです。

これは、競争に勝てばそれでいいと考えている『老子』当時の多くの人々が犯した間違いであり、だからこそ、彼らは、勝てば勝つほど身の危険が増していく、という一種のジレンマに苦しめられることになったのです。

そうした事態を避けるためにも、いかにライバルや周囲からマイナス感情を受けないようにしながら勝ち残るか、を考えなければならない。そうした発想こそが、『老子』の説く〝奇〟策の妙味なのです。その具体的な内容については、５章で紹介することにしましょう。

「無事」の段階……余りある自分を減らして、足りない周囲に補う

最後に「無事」。成果を手にした瞬間に事を収め、速やかに競争のプラスの世界か

ら距離をとって、手にした成果をマイナスの世界に持ち帰る仕上げの段階です。

また、「無事」とは言うなれば、「奇」の段階を経ることで、らせん状に上昇して戻ってきた「正」の段階でもあります。したがって、ここでの行動方針は「正」におけるものと同じ、

「余りある自分を減らして、足りない周囲に補う」


というもの。

これは要は「奇」の段階で手に入れた成果を周囲の人々に還元するということですが、ここでとくに大事なのが、手柄を自分のものにしないことです。

競争に勝ち抜き成果と名誉を手にした「成功者」という地位は、実は極めつきのプラスの世界の存在であり、下からのあらゆるマイナス感情が集中する最も危険な立場です。

にもかかわらず、『老子』の著者たちの見たところ、戦国時代の各国の王や武人、知識人は、勝利したあとには、自らその手柄を誇り、手にした富や権力の上に居座り、成功者の地位にいつまでも止《とど》まろうとした。そこに、彼らが身を亡ぼすことになった大きな原因があったわけです。

「正」「奇」「無事」における「反」の原則

正

余りある自分を減らして、足りない周囲に補う
……手元の余りある要素を費やし周囲に還元する

↓

奇

余りある敵を減らして、足りない自分に補う
……強い競争相手を倒して成果を手にする

↓

無事

余りある自分を減らして、足りない周囲に補う
……手にした成果を周囲に還元する

だからこそ、反対に『老子』は、競争を勝ち抜いても、その手柄を自分のものとはせず周囲のものとすることの重要性を言い、6章で詳しく解説しますが、

成功しても自分のものだと名乗らない（功成りて有を名のらず）（第三十四章）
成功して身を退けるのが、天の「道」に適った行いだ（功遂げて身退くは、天の道なり）（第九章）

と説くのです。

そうすることでマイナスの世界という安全基地に一刻も早く帰還し、自分の命を保つ。そうなってはじめて事は成る。これこそが、すなわち「成功」なのです。

3-4
なぜ「弱いものは強いものより強い」のか？
――『老子』の「柔弱」戦略

前項では、「正」「奇」「無事」の各段階において、いかに「反」の原則に従うべきか？　その概要を見てきました。

ただし、これらはあくまで方針であり、具体的な方法論ではありません。そして、『老子』は、「いかにそれを行うか？」という戦略についてもしっかりと説いている。その戦略こそ、「反」と並ぶ「徳」の構成要素である「柔弱」です。

「生の徒」と「死の徒」

『老子』の著者たちは、当時の人々の生き方を観察しながら、誰が生き残り、誰が亡んでいくのかについて分析を行いました。それが第五十章です。

この章は、次のように始まります。

> 人は生まれ出て、死んでいく。「生の徒」が十分の三。「死の徒」が十分の三。生きようとする中で、動いて「死地」に入ってしまう者が、また十分の三ある。いったい、それはなぜか。生きよう生きようとしすぎているからである（第五十章）

ここで『老子』は世俗の人々には三種類のタイプがいると説きます。すなわち、

❶「生の徒」
❷「死の徒」
❸「生の徒」でありながら「死の徒」になる者

一つ目の「生の徒」とは、マイナスの世界を生きて生を全うする人間のこと。例えば、競争とは無縁のまま、人の上に立とうともせず、目の前の暮らしに満足して生涯をつつがなく送るような境遇の人間のこと。当時で言えば、中央の争いから離れた場所でつつましく暮らす庶民がこれに当たるでしょうか。これがまず十分の三い

るわけです。

次に「死の徒」とは、プラスの世界を生きてそのまま早死にする人間のこと。

富や名誉を求め人に勝つことだけを考え、そのまま競争や陰謀の世界に巻き込まれて早死にしてしまう境遇の人間を指します。当時で言えば、各国の王やその周辺の人物、その他中央の争いに関わることを宿命づけられた人々。これがまた十分の三いる。

そして、三つ目が「生きようとする中で、動いて『死地』に入る（人の生きて、動きて死地に之《ゆ》く）」人間であり、これはすなわち、「生の徒」から「死の徒」になってしまう者のこと。マイナスの世界を生きる境遇に生まれながら、自分からプラスの世界に入って早死にしてしまう人間を指します。

当時で言えば、中央の争いとは無縁の境遇に生まれながら、富と名誉を求めて自分から競争の世界（プラスの世界）に飛び込んで、早死にしてしまうような知識人や武人がこれに当たるでしょう。これがまた十分の三。

『老子』の著者は、とくにこの三つ目の人種の生き方について、「生きよう生きようとしすぎているからである（その生を生とするの厚きを以てなり）」と言います。これは、現実を司る「道」の法則を無視して、意志と行動だけで人生を切り開こうとする行動原理主義が裏目に出た結果だということを表現しているのです。

柔弱で生きれば「死地」が「死地」でなくなる

とは言っても、前項の「生」「奇」「無事」という考え方でも見たように、物事を成し遂げ「成功」するには、どうしても一度はプラスの世界という「死地」に入らなければならない。「死地」に入って、なおかつ生還しなければならないわけです。

そこで『老子』は説きます。仮にプラスの世界という「死地」に入っても、そこが「死地」でなくなるような、先の三つとは違う四種類目の人間がいるのだ、と（ちなみに、先ほどの三つの生き方の「十分の三」を合わせても、「十分の九」にしかなりませんが、あえて残された「十分の一」にこの生き方の存在が暗示されているのでしょう）。

それがすなわち、

❹「死の徒」でありながら「生の徒」になる者

こうした人間のありさまを描いたのが、先ほどの箇所に続く、次の一文です。

聞くところによれば、うまく自分の生を養っている者は、丘に行ってもサイや虎を避けないし、軍隊に入っても甲冑や武器を身につけることがない。サイもその角を突き立てるところがなく、虎もその爪をかけるところがなく、武器もその刃を加えるところがないからである。

いったい、それはなぜか。彼にとっては「死地」などないからである（第五十章）

つまり、「うまく生を養っている者（善く生を摂《やしな》う者）」には、「死地」も「死地」でなくなる。

だからこそ、危険な場所に立っても、危害を加えられることがない。仮にマイナスの感情渦巻くプラスの世界に入ることがあっても、彼はつねに「生の徒」なのです。

そして、これこそが、先ほど見た成功のためにマイナスの世界とプラスの世界を往来する「正」「奇」「無事」の三段階、図で見た急峻な山型を実現することを可能とする生き方なのであり、『老子』を読む者が目指すべき境地です。

ここで、気になるのが「うまく生を養う」と言うときのその中身です。『老子』では、それを「柔弱」という戦略として結実させます。

「柔弱」な者は「生の徒」である

『老子』では、「柔弱」という戦略の基本的なイメージが次のように語られます。

> 人は生きているときは「柔弱（柔らかく弱い状態）」だが、死ぬと「堅強（堅く強い状態）」になる。草や木などの万物なども、生きているときは弱く脆いが、死ねば枯れて固くなる。したがって、「堅強」な者は「死の徒」であり、「柔弱」な者は「生の徒」なのだ。
> こういうわけで、兵は強ければ勝つことができず、木は強ければ切られて使われてしまうのだ。「強大」は下《げ》であり、「柔弱」こそが上《じょう》である（第七十六章）

この章では、柔らかく弱いものと堅く強いものが比較されて論じられます。

ここで言う「堅強」「強大」とは、物事を成し遂げるにあたって、力づくで人と争い、自らの意志と行動のみで人の上に立とうとする生き方を象徴的に表現したものです。これは、『老子』の著者たちの生きた時代に競争に明け暮れた各国の王や武人、知識人のほとんどの生き方を指す言葉です。

こうした生き方を本書では「剛強」という言葉で代表して呼ぶことにしますが、この「剛強」の意識を持ち、そう生きるものは「死の徒」、すなわち死の仲間である。

なぜか？

もう、ここまで読んできたみなさんには、言うまでもないでしょう。こうした生き方はプラスの世界の生き方であり、周囲からのマイナス感情を集めるものだからです。

一方、『老子』の勧めるのはその逆の戦略でした。それは次の言葉にまとめることができます。すなわち、

人と争わず、人の下に立つ。

これが「柔弱」戦略という生き方です。

この「柔弱」戦略をとる者こそ、先ほど紹介した「正」「奇」「無事」の各段階で「反」の原則に従って成功の山型を完遂する者、「死地」を「死地」でなくする者、プラスの世界に入ってなお生還できる「生の徒」なのです。

「柔弱」戦略は「剛強」に勝つ

この章の最後に『老子』はこうも言っています。

「強大」は下であり、「柔弱」こそが上である（強大は下に処《お》り、柔弱は上に処る）（第七十六章）

これは『老子』に一貫するポリシーであり、これと同趣旨の言葉は、『老子』の中に繰り返し現れます。

世の中でもっとも柔らかいものが、世の中でもっとも堅いものを突き動かす（天下の至柔は、天下の至堅を馳騁《ちてい》す）（第四十三章）

弱いものが強いものに勝ち、柔らかいものが堅いものに勝つことは、世の中に知らない者がいないが、行える者はいない（弱の強に勝ち、柔の剛に勝つは、天下知らざる莫《な》くして、能く行う莫し）（第七十八章）

つまり、『老子』の著者は、「柔弱」戦略が「剛強」戦略より優れていることを高らかに宣言しているわけです。

そして、これらの言葉について、改めて確認したいことがあります。

それは『老子』の著者が、「柔弱」と「剛強」という相反する戦略について、どちらが上か下か、どちらがどちらを動かすか、どちらがどちらに勝つか、という話をしているという事実です。

『老子』が「マイナスの世界を生きよ」というだけで終わる思想であるなら、こんな話は必要ないはずなのです。「競争から距離をとる」というのがマイナスの世界を生きるということなのですから、「剛強」の人々から距離をとればいいだけ。

にもかかわらず、『老子』の著者たちは、あえて「柔弱」戦略を「剛強」戦略と対決させ、優劣・勝敗を論じた。

「柔弱」は勝利と成功のための教えである

これは、『老子』が、のんきに安全圏に引きこもるようなものではなく、プラスの世界に打って出て、「剛強」の人々を倒して成功を手にすることまでを含む教えだからなのです。

『老子』の説く「柔弱」の教えについては、ややもすると、1章などで述べたような「世の中の流れに逆らわない」「あるがままに生きる」といった消極的な教えのように理解されがちですが、それはまったく違います。

そのことは、次項から確認していく内容からも分かりますが、「柔弱」とは自分の命を守りながら物事を成し遂げるための教えなのであり、競争の世界で勝利し、かつ生還するための積極的な戦略なのです。

3-5 「水のように生きよ」――「柔弱」戦略を実現する七つのルール

「柔弱」戦略とは前項でも見たように、

人と争わず、人の下に立つ

というものです。これは、よく解説書などで「不争謙下」という言葉とともに説明されます。

こうした「柔弱」戦略の在り方を、『老子』の著者が「水」にたとえたことは有名です。例えば「上善は水の如し」（第八章）という言葉は、日本酒の銘柄にもなっています。耳にしたことがある人も多いかもしれません。

「水」の強さ

『老子』の著者は第七十八章で次のように言います。

> この世の中に、水より「柔弱」なものはない。しかし、「堅強」なものを攻めるには、水に勝るものはない。（どんな「堅強」なものでも）水の性質を変えられるものなどないからだ。
> 弱いものが強いものに勝ち、柔らかいものが堅いものに勝つことは、世の中に知らない者がいないが、行える者はいない（第七十八章）

この箇所は、『老子』の書かれた当時・戦国時代において、固く守る城に対して、水攻めという戦法がさかんにとられていたことを背景としたものだと言われ、「弱いものが強いものに勝ち、柔らかいものが堅いものに勝つことは、世の中に知らない者がいない」と、水の威力について常識のように記されているのも、そのためだと考えられています。

水攻めの場面を想像しても分かるように、押し寄せてくる水に対しては、どんなに力の強いものも押し返すことはできず、どんなに堅い壁で囲おうとどこからか必ず浸入してきてしまう。水は力比べの争いに応じることもなく、ただ自然の理に応じて隙間のあるところに入り、ただ下へ下へと流れていくのです。

これが水の強さであり、「柔弱」戦略の強さなのです。

「上善は水の如し」

これをより具体的に説いたのが、例の「上善は水の如し」で始まる第八章。「柔弱」戦略の具体的な姿を描いた重要な章です。

> 最上の善とは、水のようなものだ。水は万物に利益を与えながら争うことがなく、人々が嫌がる場所にいる。だから、「道」に近いのだ。
> (1)身を置くのは低いところがよく、(2)心はうかがい知られないのがよく、(3)人と交際するときは思いやりに従うのがよく、(4)人を動かす言葉は「信」に基づくものがよく、(5)政治は目の前の人民をよく治めるのがよく、(6)なす事は「道」に任せるのがよく、(7)動くのは時機をとらえるのがよい。
> そもそも争わない。だから、あやまちもない（第八章　番号は筆者が加えた）

まず、前半の「水は万物に利益を与えながら争うことがなく、人々が嫌がる場所にいる」です。

これは、まさしく、人と争わず、人の下に立つ「不争謙下」の「柔弱」戦略の基本的姿勢を説いたもの。『老子』謀略術を実践するものが、あえて人の下に身を置き、困っている人間を助けるために動く、その在り方を水にたとえたものです。

そして、続いて『老子』の著者は、「柔弱」戦略を実践するための七つのルールを挙げていきます。一つひとつ見ていきましょう。

(1) 身を置くのは低いところがよい（居は地を善しとす）

すなわち、人の下に立て、という教えです。

これは「柔弱」戦略の根幹となるもので、他の六つのルールのベースとなるものです。

この場合の「下」とは言うまでなく、本書で言うところのマイナスの世界のこと、つまり、高い地位につかず、名誉や富を求めず、競争にも参加しない。人々より一段低いところに身を置く姿勢を見せることで、周囲からのマイナス感情を避ける。

そして、仮に「奇」の段階において、競争の中で成功したとしても、手柄を自分のものとせず身を退き、すぐにマイナスの世界に戻る。それが「居は地を善しとす」ということの意味です。

(2) 心はうかがい知られないのがよい(心は淵を善しとす)

当たり前ですが、成功しようとする人間の心には、成功しようとする意志やそのための策略があります。

しかし、それを悟られれば、必ず周囲からは足を引っ張ろうとする動き、マイナスの感情が出てくる。つまり、自然と周囲との摩擦が起き、気がつけば争いに巻き込まれてしまうわけです。

だからこそ、『老子』謀略術では、そうした内心を悟られないことが大事だと説きます。そのためにも、あくまで対外的には「不争謙下」の姿勢を崩さないこと。「柔弱」戦略における「不争謙下」とは、実際に「不争謙下」であることも大事ですが、それ以上に「不争謙下」であると周囲に思わせることが大事なのです。

この「心は淵を善しとす」と同様の教えは、第三十六章において、同じ「淵」という言葉を使って説かれています。

魚は淵から離れてはならない、国の兵力も人に見せてはならない（魚は淵より脱すべからず、国の利器は以て人に示すべからず）（第三十六章）

魚が川の淵から出てしまえば見つかって捕まるように、国の兵力も他に悟られれば破られる原因となる。『老子』は、一貫して他人に内実を悟らせないことに注意するよう勧めるのです。

(3) 人と交際するときは思いやりに従うのがよい（与《まじわ》るは仁を善しとす）

『老子』が説くのは倫理道徳ではありません。

ここで説かれているのも、人付き合いの際には周囲に思いやり（「仁」）を持てというよりは、その行動が思いやりからのものだと〝思われている〟状態こそが、物事を成すには好都合だという話なのです。

むしろ、『老子』は「思いやりなどに縛られるな」と言います。第五章にある次の一文を見てみましょう。

天地に思いやりはない、万物をわらの犬のように扱う。聖人に思いやりはない、人民をわらの犬のように扱う（天地は仁ならず、万物を以って芻狗《すうく》と為す。聖人

は仁ならず、百姓を以って芻狗と為す）（第五章）

これまでも見てきたように、『老子』謀略術において大事なのは、「道」の動きをいかに利用するか、「道」の法則に従っていかに周囲を人形（わらの犬）のように淡々と動かしていくか、なのです。そこにあるのは、決して「思いやり」などという人間の抱く小さな尺度ではないのです。

もう一度確認しましょう。

思いやりを持つことは何も物事を有利にはしないが、思いやりを持っていると周囲に「思われる」ことは有利に働く。これが『老子』の発想なのです。

ちなみに、ここで「思いやり」と訳した「仁」という言葉は儒教で最も重視される徳の名です。『老子』の著者の頭にはそれを念頭に「そんなものに理屈をつけて学ぶからダメなのだ」と否定する意識もあったのかもしれません。

(4) 人を動かす言葉は「信」に基づくものがよい（言は信を善しとす）

戦国時代は、知識人が各国を飛び回って王侯貴族の前で弁舌を披露し自分を売り込み、各国政府の権力内部ではお互いを追い落とすための非難合戦、誹謗中傷合戦が横行し、敵国に弁論家を送り込んで謀略の罠に陥れることが盛んにされた時代です。すなわち、競争の中で各人が「話し方」を工夫し、言葉の力をぶつけ合うようにして激しく争う時代だったわけです。

しかし、『老子』は次のように説きます。

信頼に足る言葉は美しくなく、美しい言葉は信頼に足らない。「道」に従って善なる者は弁舌巧みでなく、弁舌巧みな者は善ではない。「道」を知る者は博識でなく、博識な者は知らないのだ（信言は美ならず、美言は信ならず。善なる者は弁ぜず、弁ずる者は善ならず。知る者は博からず、博き者は知らず）（第八十一章）

ここにあるのは、言葉の力の否定です。

弁舌で他人を丸め込む、これ見よがしの知識と理屈を振りかざして人を動かす行為は、『老子』から見ればまったく「道」に適わぬ愚行なのです。

それはなぜか？

理屈や知識といった言葉の力で他人を無理やり動かそうとすれば、必ず相手には「言いくるめられた」「言葉で押し切られた」というマイナス感情の芽が残る。仮にそのときはよくても、のちのちそうした芽がトラブルを生むことになりかねないのです。

だからこそ、『老子』は、言葉で人を動かす際に大切なのは、「話し方」などではなく話し手の信頼感（「信」）であると説く。これがここで言う「言は信を善しとす」の意味です。

この言葉ではなく信頼感で人を動かす技術は、『老子』謀略術で「不言」と呼ばれるもの。「不言」の具体的な内容については、次々項で見ていきましょう。

（5）政治は目の前の人民をよく治めるのがよい（政は治を善しとす）

これは、政治の基本は目の前の人民をよく治めることにあり、外に打って出るのは機が熟した場合の例外であることを説く教えです。

「正」「奇」「無事」の三段階で言えば、まず「正」の段階においては目の前の人民を治めることが大事であり、基本であり、これが自然と打って出るための準備ともなる。そうすることで、周囲にプラスの感情が集まり、身の安全性が増し、「奇」の段階に打って出る力になるからです。そうした感情力学的な下地もなく、いきなり競争の世界に打って出るのは、まったくの自殺行為。

だからこそ、治めることは「正」と呼ばれ、外に打って出ることは「奇」と言われるわけです。

(6) なす事は「道」に任せるのがよい（事は能を善しとす）

今まで見てきた内容からも明らかなように、『老子』謀略術とは、プラスの世界にはマイナスのベクトル（感情）、マイナスの世界にはプラスのベクトル（感情）が働くという、「道」の働きを利用して物事を成し遂げる教えです。

その意味で、あくまで手を下すのは「道」である。人を味方につけるのも、敵を倒すのも「道」の力によるのであり、決して自分の行動だけでどうにかしようとする行動原理主義の考え方は取らない。

「事は能を善しとす」とはそういう意味です（ちなみに、ここでの「能」という字は、蜂屋邦夫訳『老子』（岩波文庫）と同様に「任せる」という意味で解釈しました）。

(7) 動くのは時機をとらえるのがよい（動は時を善しとす）

これは、「正」の段階から「奇」の段階に移る際にとくに重要になる教えです。すなわち、『老子』の謀略術においては、「正」においてマイナスの世界に潜伏しながらも、いずれ「奇」の段階としてプラスの世界に打って出ることになります。その際の問題になるのがタイミングです。

『老子』の著者は、「動は時を善しとす」、すなわち時機を逃さないことを重視します。時機を逃さないというのは、（当たり前と言えば、当たり前なのですが）タイミングが来たのを感知したら、できるだけ早くそれに取り組むということです。すなわち、無用な様子見などはしない。様子見をしている間に、どんどん成功する確率、勝利する確率は下がっていくからです。

　こうしたタイミング・時機をとらえるには、一種の現実を正しく見るための「観察眼」が必要になります。それについては4章で扱うことにしましょう。

◎「柔弱」戦略とは？

……人と争わず、人の下に立つことで
物事を成し遂げる戦略

◎「柔弱」戦略の七つのルール

1.「居は地を善しとす」……身を置くのは低いところがよい

2.「心は淵を善しとす」……心はうかがい知られないのがよい

3.「与《まじわ》るは仁を善しとす」…人と交際するときは
思いやりに従うのがよい

4.「言は信を善しとす」……人を動かす言葉は
「信」に基づくものがよい

5.「政は治を善しとす」……政治は目の前の人民を
よく治めるのがよい

6.「事は能を善しとす」……なす事は「道」に任せるのがよい

7.「動は時を善しとす」……動くのは時機をとらえるのがよい

3-6

「無為」とは「何もしないこと」ではない

――無為を為すとは？

前項では、マイナス感情を避けて、プラス感情を身に受けるための「柔弱」戦略の七つのルールを見ました。では、話をさらに具体的にしましょう。

すなわち、「柔弱」戦略で物事を成し遂げていくためには、日々の振る舞い、会話の中でどのような手法を用いるべきか？

『老子』は、聖人の行動の仕方を以下のように語ります。

> 聖人は「無為」をなすべきこととし、「不言」で人を導く（聖人は無為の事に処《お》り、不言の教えを行う）（第二章）

「不言」による導きと「無為」の有益さは、天下でこれに及ぶものはほとんど

ない（不言の教え、無為の益は、天下、之に及ぶもの希《まれ》なり）（第四十三章）

すなわち、「無為」と「不言」、この二つこそが聖人が日々の行動の中で用いるべき基本的な手法なのです。それぞれ、どういうものなのか？　一つずつ見ていきましょう。

「道」の「無為」と人間の「無為」

まずは「無為」について。

『老子』で説かれる「無為」という教えについては、一般的には単に「何もしないこと」、あるいはそこから「あるがままでいること」という意味で理解されています。

しかし、それは間違いです。

より詳しく言えば、それは基本的には「道」にとっての「無為」であって、人間にとっての「無為」ではない。

どういうことか？

『老子』の説く謀略術はことごとく「道」の在り方をモデルにしていますが、ここで言う「無為」もまた本来は、「道」が現実を動かす際の手法です。すなわち、「道」が現実を司る中で、姿を現すこともなく、ことさら何をすることも何を言うこともなく、自然と人などの万物を治めている、この様を「無為」と言っているわけです。

しかし、それを我々がそのままの形で実行することはできません。生身の人間が何もせず、何も言わないままでいて、目の前の問題が解決されることなどまずない。なぜないかは分かりませんが、ともかくない。それが人間にとっての現実なのです。

だからこそ、『老子』は、「道」の「無為」を人間が実行できる形にまで展開した「無為」を説いている。

それはどういうものなのか？

中国哲学の研究者・金谷治氏は「無為と因循」（『東方宗教』二三・一九六四年）という論文の中で、『老子』の中の「無為」という言葉が、しばしば「無為を為す（「無為」をする）」と表現されることなどに注目し、

「無為の思想は、現實世界そのものを否定するとか超越するというものではなくて、むしろ現實世界の中での現實的効果をねらった一種のしわざとみるべきものである」

と結論づけています。

言い換えれば、「無為」とは、行動しないことで現実との交渉を絶ったり、それを超えようといった試みではなく、行動しないという行動をする（無為を為す）ことで、現実的な効果を狙う方法論（「しわざ」）だということです。

物事は強制力で動かしてはならない

では「無為」とはいかなるテクニックなのか？　まず基本的な点を確認すれば、

「無為」とは「見えない行動」をすること

です。すなわち、周囲の目につかないような行動をすることで、マイナス感情を避け、プラス感情を身に受ける。「柔弱」戦略を完遂する。それが「無為」なのです。

その内容がより詳しく書かれているのが、第二十九章です（ちなみに、「河上公《かじょうこう》注」は、この章にそのものずばり「無為」というタイトルをつけています）。

> 天下を取るためにことさらなことをする、というのは、私はそれでうまくいった例を見たことがない。天下とは神聖な物体であり、それに向かってことさらな

ことをしてはならない。ことさらなことをする者はこれを台無しにし、握っていようとする者はこれを失う。

そして、世の中の人々は行く者がいたかと思えば従う者がおり、ゆっくりとおだやかな者がいたかと思えば性急で激しい者がおり、強い者がいたかと思えば弱々しい者がおり、盛り上げる者がいたかと思えば崩す者がいる。

だからこそ、聖人は甚だしいふるまいをせず、大きなコストをかけることをせず、大がかりな行いをしないのだ（第二十九章）

ここで注目したいのは、真ん中以降です。

「世の中の人々は行く者がいたかと思えば従う者がおり、ゆっくりとおだやかな者がいたかと思えば性急で激しい者がおり、強い者がいたかと思えば弱々しい者がおり、盛り上げる者がいたかと思えば崩す者がいる」とは、要は世の中の人々が極めて多様であることの指摘です。

そして、そうした前提から「無為」の基本原則を説いたのが、次の「聖人は甚だしいふるまいをせず、大きなコストをかけることをせず、大がかりな行いをしないのだ（聖人は甚を去り、奢を去り、泰を去る）」という箇所。

これは要は、特定の方向に極端な力を用いないということ。

そして、その極端な力とは、結論から言えば「強制力」です。すなわち、より具体的に言えば、

「無為」とは、あからさまな強制力を用いずに人を動かすこと

なのです。

『老子』の当時、各国の王、知識人、武人が用いたものは、武力、弁舌、刑罰などといった他人を無理やり動かすための強制力でした。

しかし、『老子』に言わせれば、様々な立場、能力、状況の人間がひしめく現実の中で強制力を用いれば、必ず誰かの目につき、マイナス感情を生むことになる。

改革を強制すれば、守旧派から反発を受け、富裕層向けの政策を強制すれば、貧困層の抵抗にあい、サッカー部の優遇を強制すれば、野球部が黙っちゃいないわけです。

だからこそ、物事は、誰の目にもつかないよう、強制力を用いず成し遂げなければならない。それが「無為」ということなのであり、それを知らずに「これが正しいんだ」という上から目線で強制的に他人を動かしていれば、やがてはそのしっぺ返しが返ってきて亡びることになるのです。

いかに「無為」を実践するか？

そこで、次に出てくる疑問は当然、強制力を用いず人を動かす「無為」とは、具体的にはいったいどういうものなのか？　ということでしょう。

しかしながら、『老子』が「無為」について説くのは、あくまで原理原則であって、その具体的な実践例については書かれていません。そのため、従来の解説書でも「無為」について、具体的に何をどうすることなのか、何をしないことなのかをはっきり書いているものはない。少なくとも筆者は見たことがありません。

ただ、本書は哲学書ではなく自己啓発書であり、実践の書です。この強制力を用いずに人を動かす「無為」という方法論を、どのような形で実践することが可能なのか、イメージをつかむために具体例で考えてみたいと思います。

「無為」の実践例

例えば、保険の営業マンが顧客に商品を勧める際、プランAを契約させることは避けたいとします。こうしたときには「プランAはやめましょう」と言うのではなく、

「おすすめにプランBとプランCとプランDがありますが、どれにしますか?」と相手に決めてもらう形で営業をする。これなどは「無為」的手法だと言えるでしょう。要は、強制の形をとらず、しかも、その裏で自然な形でプランAを排除している。要は、相手をさりげなく誘導しているわけです。

また、次のような「無為」も考えられるでしょう。

何らかのアンケート用紙を配ることになり、相手の回答は手短にしてほしいとします。この場合、「○○文字以内で」などと指示(強制)するのではなく、回答欄を囲む四角の大きさを小さくする。四角の大きさが大きければ、自然と長い回答が増えますが、小さければ自然と短い回答が増えるからです。これも強制力を用いずに相手の行為を誘導する「無為」です。

もう一つ。喫煙者が毎日見ることになる「たばこの煙は、あなただけでなく、周りの人が肺がん、心筋梗塞など虚血性心疾患、脳卒中になる危険性も高めます」といったたばこの箱の注意書き。これも「無為」の実践例でしょう。

喫煙者に対してたばこを禁止するのではなく、健康への悪影響を繰り返し知らせることで、買わない方向に誘導している。していることは、あくまで情報の提供であり、何らの強制力も行使していないわけです。

あいまいな圧力を生み出す

以上、「無為」の実践について具体例で考えてみました。

ここでのポイントは、選択肢を奪わないこと。

保険のプランをどれにするのか、アンケートの回答の長さ、たばこを吸うかどうかは相手に自由に決めさせるのです。

だからこそ、効果は１００％ではありません。相手が「プランAがいい」と言うこともあるでしょうし、回答欄の枠を平気ではみ出して長文で答えてくる人もいます。いくら注意書きを箱に載せてもそれで喫煙者がゼロになるわけではない。

ただ、こうした手法の中で、人を誘導するあいまいな圧力が確かに生まれる。「無為」の実践のためには、相手のマイナス感情を生み出す強制力を避けながら、そうした誘導圧力をいかに生み出すのかがキモになるのだと筆者は考えます。

3-7

コミュニケーションの「無為」――「不言」と「信」

次に「無為」と並ぶ、聖人の行うべきテクニックである「不言」についても見てみましょう。

「不言」もまた、単に「まったく何も言わないで人を導く」などという教えではありません。もしそうだとすれば、『老子』の中に、「いかに言うべきか」について豊富な分析があることの説明がつかないでしょう。

では、「不言」とは何か？

これは言葉の「無為」というべきもので、「無為」が「見えない行動」だとすれば、「不言」は「聞こえない話し方」のこと。

物事を成し遂げるためには、当然コミュニケーションで人に影響を与え、人を動かす必要があります。その際に聖人が用いるのが「不言」という「聞こえない話し方」のテクニックなのです。

リスクはつねに言い過ぎ・話し過ぎから生まれる

「不言」の基本原則もまた、「無為」と同様、「極端な振る舞いを避け、力を浪費することを避け、大がかりな行いを避ける（甚を去り、奢を去り、泰を去る）」ことです。すなわち、人を動かすのに、極端な表現、力を尽くした表現、大げさな表現は必要ない。

要は、『老子』は言葉の強制力で他人を動かすことに反対したわけです。

これについては、儒教のバイブルである『論語』にも似た教えがあることが有名でしょう。

「巧言令色、鮮《すく》なし仁」――『論語』学而篇

口のうまい人間には「仁」（真の愛・おもいやり）がない、という意味の教えです。ただし、何度も言ってきたように『老子』が説くのは、こうした倫理道徳の話ではない。謀略術として、口のうまさ、言葉の過剰さにはデメリットがあるという話なのです。

『老子』は、次のように言います。

多く話せばしばしば窮地に陥る。言い過ぎ・話し過ぎを避けた中間を守るのがよい（多言は数《しば》しば窮す。中を守るに如かず）（第五章）

人に影響を与えよう、動かそうと必死に言辞を弄して多く話せば、その分、窮地に陥るリスクも増える。ツッコまれてぐうの音も出なくなる弱い言い分、誰かの反感を呼ぶような失言は、つねに言い過ぎ・話し過ぎから生まれるのです。

だからこそ、地味で目立たない言動、少ない口数を通じて他人を動かす。それが『老子』の説く「不言」という技術なのです。このことを『老子』はこうも表現します。

偉大な弁舌は口下手のようである（大弁は訥《とつ》なるが若し）（第四十五章）

では、「口下手（訥）」であるかのような話し方で他人を動かすとは、具体的にはどういうものなのか？　ここで、先ほど紹介した「柔弱」戦略の七つのルール、その四つ目を思い出しましょう。

人を動かす言葉は「信」に基づくものがよい（言は信を善しとす）（第八章）

結論から書きましょう。

「不言」とは、言葉の強制力よりも自分への信頼感で相手を動かす技術なのです。

アリストテレスの言った説得の三要素

では、自分への信頼感で相手を動かすとはどういうことか？

これをより具体的に理解するためには、古代ギリシャ最高の哲学者の一人、アリストテレスの「説得」についての説を参照するのもいいかもしれません（図らずも、彼は『老子』が書かれたのとほぼ同時期、紀元前四世紀ごろの人物です）。

彼は、著書『弁論術』の中で、人を説得するには次の三種類の方法があると説きました。

❶論理的正しさ
❷感情的扇動
❸話し手の人柄

通常、「話がうまい」「説得がうまい」などと言われる人間についてイメージされるのは、1のような論理的な語り口や2のような聞く人の気持ちをあおる能力でしょう。しかし、アリストテレスは3の話し手の人柄の重要性について注目し、こう言うのです。

「弁論の技術を講ずる二、三の人々は、論者の人柄のよさは言論の説得性にとりなんの足しにもならないとして、これをも弁論の技術に含めることはしていないが、事実は彼らの言うのとは違い、論者の人柄は最も強力と言ってもよいほどの説得力を持っているのである」――『弁論術』（第一巻第二章　戸塚七郎訳）

要は人を言葉で動かす場合には、話し手の人柄が信頼されることによる、「この人が言うのなら」という種類の説得力が重要であり、それは話の内容と同等以上の強い力を持つということです。

そして、この説得の三要素から見れば、『老子』の「不言」という技術は、論理的な正しさや感情的扇動に頼らず、話し手の人柄で人を動かす話し方だということができる。

例えば、何かをお願いするときに「〇〇で××なので、お願いします」という論理的な説得でもなく、「△△に負けても悔しくないんですか！」のような感情的な扇動でもなく、相手の自分への信頼感に基づいて「お願いします」のたった一言で他人を動かすような。つまり表面上の言葉ではなく、その背後にある信頼感で相手を動かす。

これこそ、「聞こえない話し方」である「不言」という技術なのです。

「信」で説得する

『老子』は、信頼感で相手を動かす「不言」について、次のように説きます。

> 「信」（信頼感）が足りなければ、信頼されることはない。
> 慎重な態度で言葉を軽々しく発しないようにすれば、成功し物事を成し遂げても、人々は皆、「我々は自然とそうした」と言うことになる（第十七章）

まず、一文目の「『信』（信頼感）が足りなければ、信頼されることはない（信足らざれば、焉《ここ》に信ぜられざることあり）」。

これはすなわち、相手が自分の言葉を信じて動くかどうかは、言葉のうまさよりも、まず第一にこちらへの信頼感にかかっているという、『老子』の信念を述べているのです。

そして、「不言」という技術を理解する上で注目すべきは、何といっても次の「慎重な態度で言葉を軽々しく発しないようにすれば、成功し物事を成し遂げても、人々は皆、『我々は自然とそうした』と言うことになる（悠として其れ言を貴べば、功を成し事を遂げて、百姓、皆、我自ずから然りと謂う）」という箇所でしょう。

これは要は、むやみに言葉の力で人を動かすのではなく、信頼感による「不言」で人を動かしていけば、周囲は「動かされた」という感覚を持たない、ということです。

なぜそうなるか？

論理的な正しさや感情的扇動の説得力は、基本的には言葉の内容によって相手の意志をねじ伏せる強制力です。

だからこそ、動かされたあとに振り返ったときに、どうしても「うまく動かされた」「言いくるめられた」という感覚が残る。これがのちのちマイナス感情の芽ともなるわけです。

一方で、話し手の人柄（信頼感）の説得力は、自発的な協力を引き出す親和力です。あとから振り返ってみても、「自然とそうした」ということにしかならないために、話し手に対するマイナス感情に、まったく発展しないとは言わないまでも、発展しにくい。だからこそ、マイナス感情を避けることを第一に置く『老子』では、言葉ではなく信頼で人を動かす「不言」という技術を説くのです。

完全なる「不言」へ

そして、相手からの信頼感が一定以上のレベルを超えれば、言葉自体が不要になる。文字通りの「不言」で人を動かすことが可能になるわけです。

どういうことか？

よく「背中で見せる」という言い方をしますが、それに類することが可能になるわけです。

要はこちらのちょっとした行動から、意図を汲んで周囲が勝手に動くようになる。こちらの行動を手本・規範として動くようになる。その様を『老子』は次のように説きます。

私が「無為」であれば、人民は自然とよく教化される。

私が静かにしていることを好めば、人民も自然と正しくなる。

私が事（戦争）を起こさなければ、人民は自然と富む。

私が無欲であれば、人民は自然と「切り出したままの木」（「道」の喩え）のようになる（我れ無為にして民自ずから化し、我れ静を好みて民自ずから正しく、我れ事無くして民自ずから富み、我れ無欲にして民自ずから樸《はく》なり）（第五十七章）

そして、さらには神秘的な記述を交えて次のようにも説きます。


「道」は永遠に名前で呼ぶことができない。「切り出したままの木」（「道」の喩え）は小さくても、世の中でこれを左右できる者はいないのだ。

王侯がもしこうした「道」の在り方を守ることができれば、万物は自然と従おうとするだろう。天地は合同して甘露を降らし、人民は命令せずとも自然と治まる（第三十二章）

言い方を変えれば、『老子』謀略術を極めていけば、自分の意志が周囲の意志、自分の行動が周囲の行動、そういった自分と周囲が一体化した境地にまで到達することができる。「不言」という技術にはそこまでの視野が含まれているわけです。

「信」を生むもの

では、ここが肝心な話ですが、どうすれば周囲から人柄を信頼されるのか？　そのためには何をすればいいのか？

答えは単純です。

先ほどの第三十二章に「王侯がもしこうした『道』の在り方を守ることができれば（候王、若し能く之を守らば）」とあるように、これまで見てきた『老子』の教えを忠実に実行すればいいのです。

『老子』の説く謀略術がそもそも、怨みや憎しみといったマイナスの感情を避けて、プラスの感情を受けるためのものであったことを思い出しましょう。

では、ここで言う「プラスの感情」とは具体的には何なのか？

ここで『老子』が真っ先に念頭に置くのが、実は信頼感や信望、つまり「信」なのです。

この「信」という観点から見れば、『老子』の教えとは、「反」の法則と「柔弱」戦略によって周囲から「信」というプラス感情を集め、それを利用して周囲を動かし、敵を倒すものだということができるのです。

聖人の用いる二つの「武器」

「無為」

…

強制力を用いないことで
周囲の反発を生まない
「見えない行動」

「不言」

…

言葉ではなく信頼感で人を動かす
「聞こえない話し方」

第4章

「足るを知る」本当の意味

人間の欲望が生死を分ける

4-1

「謙遜」は自分を安全圏に置く技術

前章では、「道」の在り方に倣い、「道」の感情力学を利用するために身につけるべき「徳」、すなわち「反」の法則と「柔弱」戦略、そしてそれを実行するテクニックである「無為」と「不言」について解説してきました。

本章では、これらのベースとなる心術、メンタルセットについての『老子』の教えを見ていきます。

人間はへりくだることで有利になる

前項までで見てきたように、『老子』の教えに従う者は、できるだけ長くマイナスの世界という安全領域に身を置かなければなりません。

そこで、重要になるのが「謙遜」です。

とにかく周囲に対して、謙遜し、へりくだる。仮に自分がどんなに高い地位にいたとしてもです。可能な限りへりくだり、周囲の中で最も低い位置に自分を置いてみせる。そうすることで、周囲からのマイナスの感情を避け、プラスの感情を身に受けることができるのです。

これは謙遜した心を持つというメンタルセットであるとともに、謙遜した姿勢を周囲に見せるということでもあります。2章において、『老子』謀略術では「そうであること」と同じくらい「そう思われること」が大事であると述べましたが、これは謙遜という場面でも同様なのです。

貴さと高さは本質的に不安定なものである

『老子』の著者は、謙遜の効用について、当時の各国の王や諸侯が実践していたあるマナーを引き合いに語ります。

〝貴いもの〟は〝賤しいもの〟を根本とし、〝高さ〟は〝低さ〟を基本としている。だからこそ、王侯は自分のことを、「孤（孤児）」「寡（独り者）」「不穀（不善人）」と言うのだ（第三十九章）

人がなりたくないものとして「孤」「寡」「不穀」があるが、王侯はそれを自称する。物事には、これを減らすことで逆に増やされ、これを増やすことで逆に減らされるということがある（第四十二章）

当時の王侯には、自分のことを「孤（孤児）」「寡（独り者）」「不穀（不善人）」と周囲に対してへりくだる謙遜のマナーがありました。

問題は、なぜそんなマナーが生まれたのか、です。

それに対する『老子』の分析が、第三十九章の文中にある「〝貴いもの〟は〝賤しいもの〟を根本とし、〝高さ〟は〝低さ〟を基本としている（貴は賤を以て本と為し、高は下を以て基と為す）」という箇所です。

要は人間にとっては、賤しくあること、低い地位にあることが本来の姿なのであって、周囲から貴いとされること、高い立場だと評価されることは、いつでも崩れ去るような例外的かつ不安定な事態であると言っているのです。

したがって、高い立場にありながら、そうした自覚もなく威張り散らしていれば、すぐに周囲から引きずりおろされ、ひどければ殺されてしまう。すなわち、「道」からのマイナスのベクトルを受けて亡ぶのです。

そこで、古《いにしえ》の王や諸侯は自分から先手を打って、自然と「孤児、独り者、不善人」とへりくだることで、周囲に「自分は地位ばかり高いが、孤独で苦労の多い人物である」と自分を〝低く〟見せようとするようになった。つまり、本書の言い方に従えば、自分がマイナスの世界の人物であることをアピールすることで、周囲からのマイナスの感情を避け、プラスの感情を身に受けようとした。

これが当時の王侯の実践したマナーの起源であり、行動原理主義がはびこる以前の古の知恵である、というのが『老子』の著者たちの見立てだったわけです。

「益謙」という太古の教え

こうしたマナーを見ても分かるように、中国には『老子』以前の古くから「謙遜する人間には、天から利益が与えられる」という考え方がありました。その一例が、『易』にも見られる「益謙」と呼ばれるもの。「〝謙〟遜する者を天が〝益〟する」で「益謙」です。

この「益謙」はおそらく、誰もが上昇志向を抱き、地位と名誉が絶対視されがちであった『老子』の当時において、徐々に力を失っていた考え方だったのでしょう。それに『老子』の著者が改めて注目し、一つの実践的な理論にまで昇華させたのです。

ところで、前章でさらっと触れましたが、『老子』の注釈書の中でも最も伝統的でよく読まれたものの一つに「河上公注」というものがあります。河上公は、前漢の時代に文帝（前一八〇年~前一五七年在位）の前に現れた神仙で、彼が注したとされるのが「河上公注」です。

この「河上公注」には、各章にテーマに沿ったタイトルがつけられているのですが、中でも「益謙」と名づけられた章があることが知られています。

それが『老子』第二十二章。

ここに書かれている内容は、まさにへりくだることで利益を得ようとする『老子』流「益謙」理論の中核であり、『老子』の謀略術を解き明かそうとする者にとって避けては通れない重要な章になっています。

謙遜の効用

では、さっそく問題の第二十二章を三つに分けて見ていきましょう。

> 曲がっているからこそ生を全うでき、一度屈むからこそまっすぐに伸びることができ、窪んでいるからこそ水が満ち、破れているからこそ新しくでき、手元に

少ないからこそ得ることができ、手元に多ければその分惑う。
そういうわけで、聖人は一つの「道」の法則を抱くことで天下の手本となる
（第二十二章—①）

ここでは、まず冒頭で「曲がっているからこそ生を全うできる（曲がれば則ち全し）」と説かれます。これは、己を曲げ、人の下に立つからこそ、生を無事に全うできるという意味。

続く「一度屈むからこそまっすぐに伸びることができ（枉《かが》まれば則ち直し）」「手元に少ないからこそ得ることができ（少なければ則ち得る）」などの表現には、次の打って出る「奇」の段階のためにいったん自分を低く保つ「正」の段階のフィーリングがよく表れています。

前半部のまとめとなる「聖人は一つの『道』の法則を抱くことで天下の手本となる（聖人は一を抱きて天下の式となる）」とは、すなわち、聖人は「マイナスの世界を生きることでプラスのベクトルを受けることができる」という「道」の法則を心に抱くことで天下の誰もが見習うべき生き方（へりくだる生き方）を可能としているという意味です。

ただし、ここまではへりくだって生きる謙遜の効用について大まかに述べるに止

まっていて、話はいまだ抽象的です。話が具体的になるのは、この続きから。

『老子』の説く四つの謙遜

では、第二十二章の続きの文章を見てみましょう。

『老子』の説く謙遜とは、具体的にはどのような心の持ち方、態度を指すのか？　その内容が書かれています。

（1）自分の目で見ようとしないから、よく見ることができる。
（2）自分を正しいとしないから、物事があきらかになる。
（3）自分で成功を誇らないから、成功を保つことができる。
（4）自分で地位を誇らないから、長く地位にいることができる（第二十二章―②）
番号は筆者が加えた）

この四つの謙遜は、同じ内容が第二十四章にもあります。それだけ『老子』においてキーとなる内容なのです。

では、一つひとつ見ていきましょう。

（1）自分に見えるものをすべてだとしない

まず、「自分の目で見ようとしないから、よく見ることができる（自ら見ず故に明らかなり）」。

すなわち、自分の視点を絶対視せず「自分に見えるものがすべてではない」と考える謙遜の仕方です。

これは、一つには、現実の奥にある本質、「道」の真の姿は目に見えず、そのことを謙虚に自覚してはじめてその存在が感じられてくる、という神秘的レベルの意味もあります。

ただし、具体的な謀略術として『老子』を読む場合には、より実践的に展開させた意味をここに読み取らなければならないでしょう。

どういうことか？

そもそも人間には一視点であることとの限界がおのずとあります。自分から見えるものしか見えないのです。

例えば、自分ともう一人の人間がいて、その間に壁があったとします。そして、その壁は自分から見える面は白く塗ってあり、相手から見える面は黒く塗ってある。そんな状況で、第三者から両者に向かって「壁は何色か？」と質問したとします。

当然、自分は「白だ」と答え、壁の向こうの相手は「黒だ」と答えるでしょう。

そのとき、どう考えるのか？

「自分に見えるものがすべてだ」と考える傲慢な人間は、壁の向こうの人間が白を見ているのに黒と答えたと考えるでしょう。これではいつまでたっても、目の前の壁の本当の姿（表が白で裏が黒であること）は見えてこない。

そうではなく、おごりを捨てて壁の向こうの人間の「黒だ」という話を受け入れ、「表は白で裏は黒である」という結論をつかむこと。

要は、「私から見えるものなど限られている」という謙虚な考え方を持ち、それを姿勢として見せることで、他人の視点と経験を積極的に受け入れ、自分から見える景色を客観化・相対化して理解する。そうしてはじめて、現実の全体像を把握できるようになるのです。

これが謀略術としての「自ら見ず故に明らかなり」という謙遜です。

（2）自分の意見だけを正しいとしない

では「自分を正しいとしないから、物事があきらかになる（自ら是とせず故に彰《あら》わる）」とは何か？

これは「自分の意見や考え方が間違っているかもしれない」とする謙遜の仕方、へりくだり方です。

ここにも一つには、「道」の真の姿を感じるためには、人が頭で勝手に考えた是非の判断などは捨て、謙虚にありのままを瞑想的に感じよ、という神秘的レベルの意味合いがあります。これはこれで本質として押さえておくとして、一歩進んで謀略術として具体的に展開して考えればどうなるか？

ちょっと想像してみれば、あるいは具体的に誰かを思い浮かべてみれば分かることですが、「自分は正しい」と考え、そう周囲に見せる傲慢な人間は、物事を判断する際に一人で考えることになります。

そうした人間は他人の意見を信用しませんし、周囲もそうした態度の人間にわざわざアドバイスをしようとは思わないからです。

しかし、一人で考え、一人で判断することがどれだけ危険であるかは、本来誰もが知っていることでしょう。だからこそ、国も会社も町内会もクラス会も話し合いで物事を決めるのです。

「自分は正しい」という傲慢な意識を捨てる。

むしろ、つねに「自分の意見や考え方が間違っているかもしれない」とへりくだった意識を持ち、それを態度で示す。端的に言えば、自分を賢いとせず、愚か者だとして周囲に教えを乞うのです。

そうしてはじめて、「じゃあ、教えてやろう」と自然と周囲からの見識が一身に集まり、より正しい意見・判断が可能になるのです。

これが、謀略術として見た場合の「自ら是とせず故に彰わる」の意味です。

(3) 成功を誇らない

では、次にある「自分で成功を誇らないから、成功を保つことができる(自ら伐《ほこ》らず故に功有り)」とは何か?

これは、本書で言うところの「道」の感情力学の話であり、手柄を独り占めにし、自慢話ばかりをする成功者に抱く印象を思い出せば、感覚として分かるでしょう。

すなわち、自分から成功を誇るプラスの人間には、周囲から妬みや憎しみのマイナスの感情が集まり、結局「ああ自慢しているが、実はこうだった」などと揚げ足をとられて、その成功者の立場から引きずり降ろされるのです。

だからこそ、成功したあとに成功を保ちたければ、手柄を人に譲り「周囲のおかげだ」と謙遜しへりくだる。すなわち「反」の法則に従って、プラスの自分にマイナスを与え、周囲のマイナスの人間にプラスを与えるのです。

これは「正」「奇」「無事」の三段階で言えば、とくに「無事」の段階に強く関わる教え、成功の仕上げ方に関わる教えだと言えるでしょう。

（４）地位を誇らない

最後に「自分で地位を誇らないから、長く地位にいることができる（自ら矜《ほこ》らず故に長し）」とは何か？

これもプラスの人間には周囲からマイナスの感情が与えられるという「道」の感情力学の話で、高い地位にいる人間がその地位を誇って居座り、好き放題すれば、すぐにその地位から引きずり降ろされ、亡ぼされるということ。

だからこそ、地位が高ければ高いほど謙虚にならなければならない。

先ほど見た、王侯たちの「孤」「寡」「不穀」とへりくだるマナーもまた、まさにこの「自ら矜らず故に長し」を実行したものだったわけです（ちなみに、この四つ目のへりくだりが「地位」にまつわるものであるとする解釈は池田知久氏の訳を参考にしています）。

「曲全の道」

「益謙」の教えを説いた第二十二章は、最後に次のような文章で閉じられます。

そもそも争わない。だから、誰もこれと争うことができない。古の人の言った「曲がればすなわち全し」という言葉がどうしてでたらめであろうか。わが身を全うして、天に帰すのだ（第二十二章―③）

ここで、「古の人の言った『曲がればすなわち全し』という言葉がどうしてでたらめであろうか」と言われていることを見れば、こうした『老子』の「益謙」の理論が決して独創ではなく、むしろ天の意志と法則を尊重した時代の古の教えを復活させたものであることが改めて確認できるでしょう。

ちなみに、この第二十二章の教えは、冒頭と最後の記述から一般に「曲全の道」と言われ、これもまた『老子』の中でも屈指の有名な箇所となっています。

4-2
「足るを知る」の本当の意味

本当のことを言ってしまえば、『老子』の教えを待つまでもなく、富と名誉を追い求めての競争に終始すればロクなことにならないこと、人にへりくだってマイナスの世界を生きたほうが安全であることは、多くの人が薄々感づいていることです。ならば、誰もがへりくだり、人の下に身を置いて暮らす「柔弱」戦略で生きていきそうなものですが、そうはならない。

それはなぜか？

人間にはどうしようもなく富と名誉への欲求があるからです。

高い地位につきたい、人よりも富を多く所有したい、人に認められたい、能力を誇りたい。こうした欲求が、我々がマイナスの世界で生きようとするのを邪魔してくるわけです。

そこで大切になってくるのが、欲求といかに付き合っていくのかです。『老子』は、そのためのメンタルセットを有名なフレーズとともに語ります。
それが「足るを知る（知足）」です。

「知足」とは何か?

『老子』の書かれた当時が悲惨な戦乱期であり、時代がそうなっていった根本には富と名誉を求めて競争する人々の存在があったことは、本書でも繰り返し触れてきたところです。『老子』はそうした人間の心を次のように分析しています。

> 天下に「道」が行われていれば、早馬は引退させられて農耕に使われるし、天下に「道」が行われていないならば、軍馬が郊外で子を産むことになる。
> 罪悪は欲しがることより大きなものはなく、過失は手に入れたがることより大きなものはなく、禍いは「知足（足るを知る）」の状態でないことより大きなものはない。
> そして、「知足」の状態の足るとは、永遠に足りているということなのだ（第四十六章）

要は、馬が軍馬として使われ、戦争で人が次々に死んでいく悲惨な世の中である原因は、そこで生きる人間たちが富や名誉を欲しがるにあたって「足るを知らない」状態であるからだと『老子』は結論づけているわけです。

では「足るを知る（知足）」とは何か？

一般的には、単に「これで十分というラインを知ること」といったイメージで解釈されがちですが、そんなのんきなものではない。それは「禍いは『知足』（足るを知る）の状態でないことより大きなものはない（禍いは足るを知らざるより大なるは莫し）」という一文の切迫を見ても分かるでしょう。

「知足」とは、本来の意味合いで言えば「これ以上欲しがっては危険だというラインを知ること」。すなわち、自分の中に欲望のデッドラインをひくことなのです。

「知足」はサバイバルのためのメンタルセット

すなわち、『老子』における「知足」とは、この現実を生き残るためのメンタルセットなのです。そのことは、第四十四章を見ても分かります。

> 名誉と「身」ではどちらが身近なものであろうか。「身」と財産はどちらが大

切なものであろうか。

得ることと失うことは、どちらが憂いであろうか。ひどく惜しめば大いに浪費することになり、多く蓄えれば多く失うことになる。

「知足」の状態でいれば辱められることもなく、止まることを知っていれば危険もなく、それらによって長く生きることができる（第四十四章）

ここでは、まず「名誉と『身』ではどちらが身近なものであろうか。『身』と財産はどちらが大切なものであろうか」という問いかけが置かれています。

「身」とは、現代語で言えば「身の安全」と言うときの「身」のニュアンスで、自分の命や身体のこと。すなわち、自分の命や身体こそが、名誉や財産よりも優先すべき第一事項であるという『老子』各所に見られる前提を、ここでまず確認しています。

では、続く「得ることと失うことは、どちらが憂いであろうか」という問いかけはどういう意味か？

これも前後の文脈から見て名誉と財産についての問いですが、答えは当然「失うこと」が憂いであるに決まっている。問題は、なぜ名誉や財産を失うことになるのか？その原因です。

『老子』はその原因を、「ひどく惜しむ（甚だ愛す）」「多く蓄える（多く蔵す）」ことにあると説きます。

つまり、富と名誉を大切に失うまいとし、また過剰に蓄えようとすることで、周囲には逆にそれを奪おうとする人間・出来事が現れてくる。そして、結果的にそれらを失うことになるということを言っているわけです。ここにあるのもやはり、競争のプラスの世界を生きることで、周囲にマイナスの感情が発生するという、これまで見てきたのと同様の感情力学です。

だからこそ、生き残るためには、「これ以上欲しがっては危険だ」という「知足」のメンタルセットを持ち、「甚だ愛す」「多く蔵す」といった状態になるのを避け、安全なマイナスの世界に止まることが重要である。

その結論を述べたのが、最後の「『知足』の状態でいれば辱められることもなく、止まることを知っていれば危険もなく、それによって長く生きることができる（足るを知れば辱められず、止まるを知れば殆《あや》うからず、以て長久なるべし）」という一文なのです。

この一文は、「止足の戒」などと呼ばれ、「不必要な富や名誉を求めて余計なことに首を突っ込んではならない」という処世術として、その後の中国の各時代の知識人、世を忍ぶ隠者から天下を司る皇帝にまで深い影響を与えることになりました。

「足る」のラインはどこなのか？

では、「足るを知る」というときの「足る」はどこのラインのことなのか？

そこが具体的に知りたいところです。どこまでなら欲しがってもいいのか？

しかし、『老子』の結論から言えば、そんなことに客観的な正解は存在しない。「知足」のラインがどこになるのかは、人によるからです。

すなわち、その人の状況・力量・才能によって、富や名誉をどこまで欲しがっても大丈夫かは変わってくる。『老子』の当時においても、王侯貴族と庶民で「知足」のラインは違ったでしょうし、今で言えば、有名メジャーリーガーと筆者では「知足」のラインは違うのです。

だからこそ、「自分を知れ」と『老子』は言う。自分を知ってはじめて「知足」のラインは見えてくる。

『老子』がそのことを述べているのが第三十三章です。前後に分けて見ていくことにしましょう。


他人を知る者は智者であり、自分を知る者は「明」である。

他人に勝つ者には力があるということができ、自分自身に勝つ者には強さがあるということができる（第三十三章―①）

まず一文目の「他人を知る者は智者であり、自分を知る者は『明』である（人を知る者は智なり、自らを知る者は明なり）」から。

もちろん他人の状況・力量・才能などを把握することは、物事を成し遂げる上で大切です。あとで述べるように『老子』は現実をよく見ることを勧めますが、他人もまた現実の一部だからです。

しかし、それに終始する者は所詮、智者に止まる（『老子』において「智」とは、いわば「二流の賢さ」「小賢しさ」を指す表現で、決して誉め言葉ではありません）。

それはなぜか？

「彼はこのやり方で成功した」「彼女はこういう考え方を持っている」「あの人はこんな状況だ」「この人はこれくらい財産を持ってる」といった他人の事情にいくら詳しくなったところで、それだけでは「他人がどうであるか？」に振り回されて終わり。埒が明かないのです。

「足るを知る」には「自分を知る」こと

それよりも重要なのは、「自分を知る（自ら知る）」こと。

つまりは、「自分はどういう状況にあるのか?」「自分は何がしたいのか?」「自分は何を考えているのか?」「自分にはどの程度の能力があるのか?」などと内側を掘り下げていくことで、どこまで欲しがっても安全か、という「知足」のラインを見極める。

そのラインを見切ってこそ、物事を成し遂げるにあたっても身の安全を保つことができるのです。

だからこそ、『老子』は自分を知る者こそが智者を超えた真に智慧ある「明」なる者だと言うわけです。

ただし、「知足」のラインは、知っているだけでは意味がない。実際にそこに踏み止まってはじめて身を守る効力を発揮するのです。

そのことを説いたのが、「他人に勝つ者には力があるということができ、自分自身に勝つ者には強さがあるということができる（人に勝つ者は力有り、自ら勝つ者は強し）」という次の一文です。

自分の力（知力・体力・精神力）を他人を打ち負かすのに使っているうちは、「力がある」ことは証明できても、「強い」ことにはならない。そういう人間は周囲からのマイナス感情によっていつかは負けることになるからです。

そうではなく、「〜したい」「〜が欲しい」という自分の欲求に勝つために持てる力を集中し、自分のつかんだ「知足」のラインに踏み止まってはじめて「強い」ということができる。こうした人間は、先の例とは逆に周囲からのマイナス感情に負かされることがないからです。

この教えは、第四十四章の最後にあった「止足の戒」と同じものです。

「足るを知る」から一歩出る

第三十三章は次のような文章で締めくくられます。これはいったん、書き下し文で示しましょう。

> 足るを知る者は富み、強《つと》めて行う者は志を有す。其の所を失わざる者は久しく、死して而《しか》も亡びざる者は寿《いのちなが》し（第三十三章—②）

この箇所は、実は各解説書が解釈に苦戦するところです。というのも、「強めて行う」や「志」といった野心的な響きを持つ言葉を肯定的に扱う感じが従来の『老子』像に合わないのと、また最後の「死して而も亡びざる者は寿し」が、直訳では「死んでも亡びない者は長く生きる」となり、どうもあやふやで意味不明になってしまうからです。

しかし、本書のように謀略術として『老子』を読む立場から見れば、これらの文章も意味するところははっきりしています。訳せば以下の通りです。

「〝足るを知る〟者は富み、あえて行動する者は志を遂げることができる。自分の場所を失わない者は久しく、死地に入ってなお亡びない者は長生きする」

要は、ここの二つの文とも、それぞれ前半は「正」の段階で不争のマイナスの世界に止まる際の話、後半は次の「奇」の段階で競争のプラスの世界に打って出る際の話なのです。

どういうことか？

一つ目の文章は、「知足」の精神を持つだけでも、あたかも自分が富んでいるかのような満足した精神状態を得ることができるが、そこを超えて具体的な「成功」を手に入れ志を遂げるには、あえて打って出る行動（強めて行う）が必要になる、という意味。

二つ目の文章は、マイナスの世界に止まるだけでも久しく生きることができるが、そこを超えた「成功」を手にしたければ、プラスの世界という「死地」に入って、なお生還して長く生きる戦略（「死して而も亡びざる」戦略）が必要であるという意味なのです。

そして、ここで言う「死して而も亡びざる」戦略とは、具体的には「柔弱」戦略、とくに「奇」と「無事」の段階のプラス世界で敵を倒し、生還するための戦略を指すわけです（その内容については5章で扱います）。

要は、「成功」は安全なマイナスの世界を超えたところに存在する。それを手にしたければ、「知足」の精神とは別に、それなりの戦略が必要になってくる。それが『老子』がここで言っていることなのです。

マイナス世界に入るためのメンタルセット

◎「曲全の道」への四つの「謙遜」

1.「自ら見ず故に明らかなり」……自分に見えるものをすべてだとしない

2.「自ら是とせず故に彰《あら》わる」……自分の意見だけを正しいとしない

3.「自ら伐《ほこ》らず故に功有り」……成功を誇らない

4.「自ら矜《ほこ》らず故に長し」……地位を誇らない

◎「知足」の本当の意味

・「知足」とは欲望のデッドラインをひくことである

・「知足」のラインは自分を知ることで知る

・「成功」は「知足」を超えたところに存在する

4-3

学ぶことをやめれば、憂いはなくなる――『論語』の否定

一般的に『老子』は、「絶学無憂」の四字熟語を引き合いに「学ぶ」という行為を否定したと言われます。

ただし、これは学ぶこと全般を否定したわけではないことに注意が必要です。

もし『老子』が学ぶこと全般を否定したのなら、この『老子』の教えを学ぶことも否定されねばならないのであって、あっという間に自己矛盾に陥るでしょう。

そうではなく、『老子』が否定したのは、ある特定の事柄を学ぶことであり、それは当時活躍したある学派への批判でもありました。

『老子』はマナーと倫理道徳を否定した

では、実際に「絶学無憂」を説く第二十章の冒頭箇所を見てみましょう。

学ぶことをやめれば、憂いはなくなる。「はい」と言うのと「コラ！」と言うのとでどれほどの違いがあるだろうか。善いとされることと悪いとされることにどれほどの違いがあるだろうか。人々が恐れることを、恐れなければならない（というだけのことだ）……（第二十章）

冒頭の「はい（唯）」と「コラ！（訶《か》）」というくだりは、「応対は丁寧にしましょう」という宮中などにおけるマナー（「礼」）の話で、「善いとされることと悪いとされること」というくだりは、何が善い行いで何が悪い行いであるかという倫理道徳の議論の話。

当時、こうしたことを細かく突き詰めて考えることが大いに流行ったのです。そうした風潮を先導したのが、何を隠そうあの孔子に始まる儒教の一派でした。

彼らは、政治に関わる人々が、周などの古い王朝で行われていた（と彼らが主張する）伝統的なマナーと正しい倫理道徳を学んで政治を行えば、天下が治まると主張しました。

だからこそ、彼らは正しいマナーの在り方や「仁」（真の愛）、「義」（真の正義・義務）、「孝」（真の孝行）といった彼らの唱える倫理道徳を『詩経』『書経』といった彼らのバイブルをもとに研究したわけです。そのことは、『論語』の中で行われる孔子と弟子の盛んな議論からも分かります。

「前識」の弊害

しかし、『老子』は彼らの主張に明確に反対します。

それは、なぜか？

儒教の考えるマナーや倫理道徳が前もって頭で導き出した正解を現実に当てはめれば、それでうまくいくという発想のものだからです。

そして、この「前もって頭で導き出した正解」こそが、『老子』が「前識」と呼ぶものであり、「学ぶな」と説くものなのです。

第三十八章には次のようにあります。

> 「前識」というものは、「道」から見ればあだ花のようなもので、愚かさの始めである（前識なる者は、道の華にして愚の始めなり）（第三十八章）

では、前もって頭だけで導き出した正解（「前識」）を現実に当てはめる、とはどういうことか？　なぜそれを『老子』がダメだと考えるのか？　そのイメージをつかむために、身近な例で考えてみましょう。

例えば、我々が日常で仕事などを進めるにあたって事前に制作するマニュアルや計画といったもの。これらも、容易に単なる「前識」となり果てます。

どういうことか？

言うまでもありませんが、マニュアルとは「こうなったときにはこう対処する」と説くものであり、計画とは「いつまでに何をする」と説くものです。そして、この両者の共通点は事前に「正解」を決めることにある。

すなわち、マニュアルもマニュアルに従っているうちは「正解」とされ、計画も計画通りに物事が進んでいるうちは「正解」とされるわけです。

しかし、ここで問題が出てくる。マニュアルに従ってもうまくいかないこと、計画に従ってもうまくいかないことが必ずあるからです。

にもかかわらず、マニュアルや計画があるために人は縛られる。ややもすると、「成果が出なくても、マニュアル通りにやれ」「とにかく、計画通りにやれ」ということになる。それをすること自体が目的となり、肝心の課題はちっとも解決されないままとなる。

これが、『老子』の言うところの「前識」の弊害なのです。

採用されなかった孔子の教え

　そして、『老子』から見れば、儒教の説くマナーや倫理道徳もまたこうした自己目的化した「前識」でした。

　彼らは、目の前の戦乱期の現実を無視して、ひたすらに「このマナーは伝統的なもので正しいからやりなさい」「我々の考える倫理道徳は正しいから、つねにこの通りに行動しなさい」と言い張り、「この通りにすれば国も天下も治まる」と各国で主張して回りました。

　つまり、頭の中でそれを正しいと信じるあまりに、そのマナーに従うこと、その倫理道徳で生きること自体が目的化され、実際に現実に与える効果・効用が無視されていた。

　だからこそ、『呂氏春秋』有度《ゆうど》篇に「仁義の術で天下を教え導こうとしたが、実際に採用されることはなかった（仁義の術を以て天下に教導す。然れども行わるる所無し）」と書かれているように、リアリストばかりの戦乱期において、流行った割にはその教えを実際に取り入れる国がなかったのです（そもそもの話、開祖の孔子自身が、長い遊説生活にかかわらず、どこの国にも仕官が叶わなかった人物です）。

「前識」の弱点

「前識」の最も ダメなところは何か？

それは目の前の現実に基づいていないところです。

その点、『老子』の説く謀略術の根幹にはつねに、目の前の現実がどうであるか？という視点があるのです。

その思想の構造からして、出発点には目の前の現実の奥底に存在する「道」への神秘的な直感があります。そして、その働きが分析された結果、「反」の感情力学や「柔弱」戦略といった「徳」が発見され、さらには、それを個人が身につけることで効果的に物事を成し遂げる、という作りになっているのです。

すなわち、『老子』に書かれていることのすべては、遡れば現実の在り方、「道」の本質に直結する形になっている。

しかし、孔子が唱えるマナーや「仁」「義」といった倫理道徳はそうではない。

もちろん、当初は、彼らの唱えるマナーや倫理道徳だって、現実への観察に基づき、実際の効果・効用を狙ったものだったのでしょう。しかし、それがグループの中で思索と議論を重ねるうちに、いつの間にか当時の現実からは遠く隔たったものになっていた。

「徳」が分からなくなって「仁」があらわれる

そのことを『老子』は次のように分析します。

> 「道」が分からなくなって「徳」があらわれる。「徳」が分からなくなって「仁」があらわれる。「仁」が分からなくなって「義」があらわれる。「義」が分からなくなって「礼（マナー）」があらわれる（第三十八章）

これは、人間の思考がいかに「道」から離れていくかを段階説で述べたものです。一文目の「『道』が分からなくなって『徳』があらわれる（「道」を失いて而る後に「徳」あり）」というのは、『老子』で説かれる謀略術の境地を指します。

神秘的な「道」の本質は感じるだけで理解することはできない。その代わり、「道」の働きである「徳」（すなわち「反」と「柔弱」）は、人間の思考で把握することができる。その「徳」を身につけることで、物事を成し遂げ「成功」しようというのが『老子』の教えです。

しかし、それ以上の勝手な理屈を頭で考えるようになると、二つ目の「『徳』が分からなくなって『仁』があらわれる（「徳」を失いて而る後に「仁」あり）」以降の状態になる。

すなわち、いつの間にか「徳」から離れて、「仁」などという勝手な倫理道徳を作り、その「仁」すら分からなくなると今度はさらに現実から離れた「義」を作り、最終的にはその「義」からも離れて、外形的な「礼（マナー）」を作り始める。

すなわち、『老子』から見れば、「仁」「義」「礼」も「道」から断絶した、現実から乖離した人間を縛るだけの空虚な「前識」なのであり、だからこそ、そんなものを学んでも意味はないと考えたのです。

このことを『老子』は、第十八章においても「『道』が廃れて、仁義があらわれる（大道廃れて、安《ここ》に仁義有り）」という表現で非難しています。

※本項では、「前識」を「前もって頭で導き出した正解」と解釈しましたが、これは『老子』に影響を受けた謀略的政治術の書『韓非子』の中の『老子』研究パートである「解老篇」の「前識とは目の前の事実によらずにでたらめに推量することである（前識とは縁る無くして妄りに意度するなり）」という説を参考にしたものです。

4-4

『老子』の説く「現実」の見方1――目の前の現実を見よ

前項で見たように『老子』は、人間が頭だけで考えた「正解」である「前識」を否定しました。

すなわち、儒教の説くような伝統的なマナーや倫理道徳、今で言えば、それ自体を守ることが目的化したマナーやマニュアルや計画といったものは、いくらそれを頭に詰め込んだところで、現実を解決し物事を成し遂げるためには役に立たないと説いたのです。

『老子』の説く「現実」を見る四つの方法

『老子』では、そんなものを学んだり、作り上げたりするよりも、物事を成し遂げるためにはまずすべきことがあると説きます。それが、

「現実を徹底的に見よ」

ということ。あえて「学ぶ」という言葉を使うとすれば、「現実から学べ」ということになるでしょうか。

『老子』において語られる「現実を見よ」という教えには、整理すればおよそ次の四つのポイントがあります。

❶目の前の現実を見よ
❷対象の事情に従って対象を見よ
❸現実の全体を見よ
❹些細なことを見よ

すなわち、『老子』的にはこの四つのポイントを押さえて、はじめて正しく現実を把握したことになるのです。では、一つずつ見ていきましょう。

「部屋」のことは「部屋」で解決する

まず、『老子』の説く現実の見方の第一である「目の前の現実を見よ」について見ていきましょう。

『老子』は、自分の目の前に広がっている現実を「自分のいる部屋」にたとえて次のように言います。

> 部屋を出て行かなくても天下のことは分かり、窓から外を見なくても「道」のありさまは見て取れる。部屋を出て遠くに行けば行くほど、知れることはいよいよ少なくなる。
> そういうわけで、聖人は出て行かずとも知り、外を見ずして名づけ、外で何かせずとも成功する（第四十七章）

天下の出来事も、その奥底にある「道」の法則（周囲の感情のベクトル）も、部屋の中（目の前の現実）の景色に沿って理解しなければならない。

他人の意見、前項で見た「前識」などといった外からもたらされる知識ばかりを頼りにして、目の前の出来事を見なければ、どんどん真実や正解からは遠ざかってしまう。

もちろん、常識的に考えて、外からの知識をまったく参考にしないのも問題です。ただ、自分が見て感じたことと、他人からの情報が対立したときには、自分が見て感じたことを中心に扱うのが『老子』謀略術の発想なのです。

より分かりやすく言えば、目の前の現実を理解するのに、「あの人はこう言ってる」「あの本にはこう書いてあった」「マニュアルではこうすることになっている」などとばかり言っていては、かえって混乱するばかりだということです。

文中にある「部屋を出て遠くに行けば行くほど、知れることはいよいよ少なくなる（其の出ずること弥《いよ》いよ遠くして、その知ること弥いよ少なし）」という箇所は、そのフィーリングをとくによく表していると言えるでしょう。

「目の前の現実」の一例――蘇秦の場合

ここで言う「自分のいる部屋」＝「目の前の現実」とは何かについて、一つの例に従って見ていきましょう。

戦国時代に活躍した有名な謀略家・遊説家に蘇秦という人物がいます。

彼は当時の最強国・秦に対抗するために、その他の韓・魏・斉・楚・燕・趙で六国同盟を結ぶ「合縦策《がっしょうさく》」を考案し、その巧みな弁舌で各国を説き伏せることによってそれを実現させ、同盟を束ねる長の地位にまで上り詰めました。

彼がその時期の「目の前の現実」を見てみれば、次のようになるでしょう（以下は、『史記』「蘇秦列伝」を基に筆者が補ったものです）。

「私・蘇秦は、自分の弁舌の力で各国を説いて回って、六国同盟を成し遂げ、その六国の宰相を兼ねることになり、身を寄せている趙国からは武安君という地位に封ぜられた。現状において押しも押されもせぬ成功者である。

そうした中で、趙王配下のAは私にすり寄ってきているが、Bは私によからぬ感情を抱いているようである。何より趙王自身の覚えも前に比べて芳しくないようだ。

また、秦国は遊説家を各国に潜り込ませて、同盟を解体するためにお互いの仲を裂こうとしているとも聞く。もし同盟が解体されれば、私の信用は地に落ちるだろう。それに……」

もちろん、実際に人間の目の前に広がる現実はもっと複雑ですが、おおよそとしては、これが当時の蘇秦が置かれていたであろう「目の前の現実」です。

そして、このように自分の置かれた状況、目の前で起こる出来事をつぶさに観察し、周囲の感情のベクトルが自分に対してどうであり、他人に対してはどうであるのかを把握する。その現実をもとに自らの身の振り方を判断するのが『老子』の発想なのです。

ちなみに『老子』的に言えば、蘇秦の「目の前の現実」は、一刻も早く「無事」の段階として成功者の地位を退かなければならない事態でした。

実際、『史記』を見ると、蘇秦は六国のリーダーの地位を放り出し、口実を作って身を寄せていた趙国を逃げ出すのですが、結局は別の国で権力争いに参加したことで、つまり、プラスの世界に入ったことで政敵により暗殺されてしまいます。

『老子』謀略術から見れば、蘇秦はいまだ二流の謀略家であったと言えるのです。

4-5 『老子』の説く「現実」の見方2
――対象の事情に従って対象を見よ

次に『老子』の説く正しい現実の見方の二つ目である「対象の事情に従って対象を見よ」という教えを見てみましょう。

これは、儒教の徒が信じていたある信念に対するアンチテーゼであると言われています。

儒教の説く「修身斉家治国平天下」

それが「修身斉家治国平天下」。その内容を儒教のテキストから見ていきましょう。

「古の徳を天下に示そうとする者は、まずはその国を治める。その国を治めようと

する者はまずその家をまとめる。その家をまとめようとする者はまずその身を修める」――『大学』第一章

「天下の基本は国にあり、国の基本は家にあり、家の基本は自分の身にある」
――『孟子』離婁《りろう》上

要は、天下を治めたければ、まずは自分の生活を正すべし、と儒教は説く。そうすれば、自ずと家をうまく治められるようになるし、家をうまく治められるようになれば一国を治められるようになるし、一国を治められるようになれば天下も治められるようになる。これが「修身斉家治国平天下」という考え方です。

そして、この根底には、一つの信念が隠されています。

それが、個人も家も国も天下も、うまくやっていくために必要なのは同じ一つの方法論であり、それを身につけた立派な人間（儒教ではこれを「君子」と言います）は何をさせてもうまくいく、というものです。

しかし、『老子』は、この考え方に明確に反対します。なぜか？

それぞれの事情を見る

現実の根底には共通の「道」があるにせよ、具体的視点から見れば、個人には個人特有の事情があり、家には家特有の事情があり、組織には組織特有の事情があり、国には国特有の事情があり、天下には天下特有の事情があるからです。

良き家庭人が良き経営者とは限らず、良き政治家が良き個人だとは限らないことは、誰もが知っていることでしょう。

つまり、各々の場面、レベルによって求められる方法論はまったく違う。儒教の教えるような、それさえ身につければ何をさせてもすべてうまくいくようなあらゆる状況に共通の正しい方法論などないというのが『老子』の考え方なのです。

だからこそ、『老子』は、「対象の事情に従って対象を見よ」と説くのです。

> 個人のありさまに従って個人を観察し、家のありさまに従って家を観察し、村のありさまに従って村を観察し、国のありさまに従って国を観察し、天下のありさまに従って天下を観察する。私が何によって天下のことまで分かるのかと言えば、この物の見方によってなのだ（第五十四章）

個人のことはその個人の事情に沿って考え、家のことはその家の事情に沿って考え、村のことはその村の事情に沿って考え、国のことはその国の事情に沿って考え、天下のことは天下の事情に沿って考えるのが正しい、ということです。

すなわち、課題を解決する方法を考える場合には、対象の事情を考慮に入れ、あるいは対象の気持ちになって考えなければならない。対象と同化する必要があるのです。

前項で見た第二十章に、

> 人々が恐れることを、恐れなければならない（人の畏るる所は、畏れざる可からず）（第二十章）

とあり、また第四十九章に、

> 聖人はいつでも無心でいて、万人の心を自分の心としている（聖人は常に無心にして、百姓の心を以って心と為す）（第四十九章）

とあるのも、これと同様の教えです。

これは言い方を変えれば、儒教の考えるような万能の「正解」などない、ということでもあります。

このことは、次のような例で考えても納得できるでしょう。

例えば、自分個人が何かで成功したとして、その成功法は万能の「正解」ではない。他人に当てはまるとは限らないし、組織レベルの運営方針に当てはまるとは限らないし、別の土地で当てはまるとは限らないわけです。

そうではなく、まず第一にしなければならないのは、他人については他人の事情に沿って考え、組織についてはその組織の事情に沿って考え、別の土地については別の土地の事情に沿って考えるということ。

そこを履き違えて、自分の成功法を万人に当てはまる「成功法則」のように考えたときに、有害な「前識」となる。それがここでの『老子』の教えなのです。

4-6 『老子』の説く「現実」の見方3——現実の全体を見よ

4-4において「目の前の現実を見よ」という教えを確認しましたが、これは視野を狭くせよということではないことに注意が必要です。『老子』はむしろ現実に対して、全体的な視野を持つ必要性を説きます。これが『老子』の説く正しい現実の見方の三つ目である「現実の全体を見よ」という教えです。

「プラスを知った上でマイナスを守る」

それを説いたのが、第二十八章の次の箇所です。

> 能動的な在り方（「雄」）を知って、受動的であること（「雌」）を守れば、天下の谷となる。天下の谷になれば、徳は身から離れず、「赤子」（「道」）・ゼロの喩

え）に帰っていくことになる。

　賢さを知って、愚かさを守れば、天下の手本となる。天下の手本になれば、徳と同化し、「極まりないもの」（「道」・ゼロの別名）に帰っていくことになる。

　栄誉を知って、汚辱に甘んじる立場を守れば、天下の谷となる。天下の谷となれば、徳が十分な状態となって、「切り出したままの木」（「道」・ゼロの喩え）に帰っていくことになる（第二十八章）

神秘的で一見難解な章ですが、謀略術として具体的に読み解く本書の立場からすれば、押さえるべきポイントは明確です。

　ここで注目したいのは、三つの文それぞれの最初に置かれた「能動的な在り方を知って、受動的であることを守る（其の雄を知りて、その雌を守る）」「賢さを知って、愚かさを守る（其の白を知りて、其の黒を守る）」「栄誉を知って、汚辱に甘んじる立場を守る（其の栄を知りて、其の辱を守る）」という表現です。結論から書きましょう。これらは、

プラスの世界の事柄を知った上で、マイナスの世界の生き方を守る

『老子』の考える二つの世界のキーワード

プラスの世界	マイナスの世界
雄	雌
剛強	柔弱
争（競争）	不争（争わない）
為（行動）	無為（行動しない）
栄（栄光）	辱（屈辱）
貴（高い地位）	賤（低い地位）
名（名誉）	身（実生活）
貨（財産）	身（自分の身）
賢（賢くいること）	愚（愚かでいること）

という、『老子』謀略術における、あるべき姿勢を繰り返し説いているのです。ここでもう一度、プラスの世界とマイナスの世界についての一覧表を確認しておきましょう。

これまで繰り返し見てきたように『老子』の教えの基本は、左の項目を重視するプラスの世界の生き方を避け、右の項目を重視するマイナスの世界の生き方をすることです。

しかし、これは左の項目を無視して、マイナスの世界に引きこもるという話ではない。『老子』は逃避の思想ではないのです。

プラスの世界に同化して観察する

プラスの世界のことも見る。なぜなら世界のほとんどの人間は、プラスの世界を生きているからです。これを切り捨てては、現実の全体を理解できないということになるのです。

そして、この場合にも、前項で述べた「対象の事情に従って対象を見よ」という教えが大事になります。

すなわち、競争の世界の事情に従って、富と名誉を求める人間の気持ちになって見る。プラスの世界の人間と同化する気持ちで、プラスの世界の実態を見るのです。
例えば、自分の勤める会社で権力争いがあったとします。もし『老子』であれば、身の処し方について何とアドバイスするか？

もちろん、まずはそこから距離をとることを勧めるでしょう。それがマイナスの世界を生きるということであり、「正」の段階に入るということです。

しかし、それで「我関せず」で終わりかと言えば、そうではない。

つねに権力争いの様子を把握するべきなのです。すなわち、誰と誰が争っているのかを知り、誰がどんな気持ちでいるのかを想像する。仮に自分がその立場であったらどうするのかをあえて「剛強」の論理で考えてみる。

そうであってはじめて、プラスとマイナスを兼ね備えた現実の全体を見ることができ、それに対して「徳」（「反」の法則と「柔弱」戦略）に従った対応をとることが可能になる。

結果として、「天下の谷」が川の水を集めるように、誰よりも低い位置に身を置きながら、自然と周囲のプラス感情を身に集めることになるのです。

4-7 『老子』の説く「現実」の見方4——些細なことを見よ

前項では、マイナスの世界にいながら、プラスの世界の事柄をも把握することで「現実の全体を見よ」という視点を紹介しました。

これが現実に対する大きな視点、俯瞰的な視点だとすれば、『老子』には現実に対する小さな視点、個別的な視点もあります。

「小を見るを明と曰う」

まず『老子』の第五十二章に次のようにあることから見ていきましょう。

> 些細なことを見るのを「明」といい、「柔弱」でいることを強いという（小を見るを明と曰《い》い、柔を守るを強と曰う）（第五十二章）

要は、人が見過ごすような些細な物事に重大な意味を見出すことができるのが、智者を超えた「明」の境地であり、そうした視点を持った上で「柔弱」戦略をとることができる人間が真の強者であるという意味です。

では、見るべき「些細なこと（小）」とは何か？

結論から書けば、『老子』が説くのは、主に次の三つです。これを感じ取れと言っているのです。

❶わが身に迫る危機の予兆
❷打って出るチャンス
❸退いて下がるチャンス

すなわち、目の前の現実の中に現れる些細な出来事に、わが身に迫る危機の予兆、打って出るチャンス、退いて下がるチャンスといった動くべき時機を見出すこと。

「柔弱」戦略の七つのルールの七つ目に、

「動くのは時機をとらえるのがよい（動は時を善しとす）」

というものがありましたが、これを実行するためにも時機をとらえる「些細なことを見る（小を見る）」観察眼が必要なのです。

では、この三つについて、『老子』は何と言っているのか？　一つずつ見ていきましょう。

1　わが身に迫る危機の予兆を感じ取れ

まず、危機の予兆についてですが、第六十三章には次のようにあります。

> 些細なことを重大なこととし、少ないことを多いとし、怨みには「徳」で報いる。
>
> 難しいことは易しいうちに対処を考え、大きなことは小さなうちにしてしまう。天下の難しい事柄は必ず易しい事柄から起き、天下の大事は必ず些細なことから起きる。
>
> そういうわけで、聖人はいつも大きなことはしない。だからこそ、大きなことができるのだ（第六十三章）

要は、些細な危機の芽を察知して、それを摘まなければならない、ということです。世の中で目にするような解決しがたい難しい危機もはじめのうちは簡単な話だったのであり、収拾しがたい大きな危機もちょっとした小さな出来事から始まっている。だからこそ、物事は、簡単なこと、小さなことのうちに察知して対処しておかなければならない、というのがここでの『老子』の教えです。

では、彼が言う察知すべき予兆とは、具体的にはどういう種類のものなのか？

それは、引用箇所冒頭の「些細なことを重大なこととし、少ないことを多いとし、怨みには「徳」で報いる（小を大とし、少を多とし、怨みに報ゆるに徳を以てす）」という一文からも明らかです。

すなわち、ここで主に念頭に置かれている危機の予兆とは、怨みといった周囲からのマイナス感情のこと。言い方を変えれば、ちょっとした感情の行き違い。これこそ、自分に具体的な攻撃が振りかかる前触れなのです。

それを敏感に感じ取って、具体的な攻撃になる前にその感情を解消する。

そのためには「徳」、すなわち「反」の法則に従って「柔弱」戦略を用いるのです。具体的に言えば、相手と争わず、相手の下に立つことでマイナス感情を解消する。

これは、具体的な攻撃になってから対処するのでは遅い。なぜなら、その時点で争いの世界、プラスの世界、すなわち「死地」に巻き込まれているからです。

これが『老子』の説く、危機の予兆を見る方法と対処の仕方です。

２ 打って出るチャンスを感じ取れ

『老子』に説かれる察知すべき「些細なこと」は、危機に関するネガティブなものばかりではありません。前向きな「成功」へのチャンス、「奇」の段階として打って出る機会というものも説かれます。

それが第六十四章の前半部です。

> 安定しているうちは手に入れやすく、兆しもないうちは手を打ちやすい。脆いうちは分けやすく、微かなうちは散じやすい。まだないことに対して行動し、まだ乱れていないことを治める。
>
> 一抱えもある大木も毛先ほどの芽から生じ、九階建ての高台も一盛りの土くれから起こり、千里の道も足もとから始まる（第六十四章―①）

「兆しもないうちは手を打ちやすい（其の未だ兆さざるは謀り易し）」という表現からも分かる通り、ここにあるのは、チャンスを目にしたら最も早いタイミングで行動せよ、早ければ早いほど成功の確率は上がる、という教えです。

すなわち、『老子』用語で言えば、「正」の段階で打って出る機会を目にしたら、一刻も早く「奇」の段階に移れ、ということです。

3 退いて下がるチャンスを感じ取れ

そして、『老子』が感じ取れと説くのは、打って出るチャンスばかりではありません。退いて下がる機会もまた慎重に感じ取っていかなければならないのです。

そのことが説かれているのが、先ほどに続く箇所です。

> ことさらなことをする者はこれを台無しにし、握っていようとする者はこれを失う。
>
> こういうわけで、聖人はことさらなことをしないからこそ台無しにすることがなく、握っていようとしないからこそ失うことがない。
>
> 世の中の人々が物事を成そうとすると、決まって成し遂げそうになったところで台無しになる。終わりを始まりと同じように慎重にすれば、物事が台無しになることはないのだ（第六十四章―②）

ここでの冒頭の「ことさらなことをする者はこれを台無しにし、握っていようとする者はこれを失う」という一文は、「無事」の段階における行動方針を説いたもので、詳しくは6章で扱いますが、ここでとくに見ておきたいのは後半の「握っていようとする者はこれを失う（執る者は之を失う）」という部分。

これは、「奇」の段階で手にした成果を手放し、身を退いてはじめて、真の意味での成功は手に入るという教えです。

そして、これを踏まえた上で、「終わりを始まりと同じように慎重にすれば、物事が台無しになることはない（終わりを慎むこと始めの如くせば、則ち事を敗ること無し）」という文がある。

つまり、これは、始まりに打って出るチャンスを慎重にうかがうと同様に、終わりに退くチャンスもまた慎重にうかがわなくてはならない、ということを言っているのです。

ここまでのまとめ

ちなみに、ここまで出るタイミングと退くタイミングの重要性を説いてきた第六十四章はこう締めくくられます。これは図らずも本章まで見てきた内容のまとめになっているので復習の意味で見ておきましょう。

こういうわけで、聖人は無欲を欲し、手に入れがたい財宝は重視しない。学ばないことを学び、人々が見過ごすところに帰る。万物のありのままの動きにもとづくだけで、ことさらなことなどしないのだ

（第六十四章―③）

まず、「聖人は無欲を欲し、手に入れがたい財宝は重視しない（聖人は欲せざるを欲し、得難きの貨を貴ばず）」。

これは『老子』の教えを身につけた聖人は、何よりも自分の欲求をコントロールすること（知足）を欲求し、手の届かない財宝（利益・勝利・成功）を欲しがる危険を冒さず、静かにマイナスの世界で打って出るチャンスを待つということを言っているのです。

そして、次の「学ばないことを学び、人々が見過ごすところに帰る（学ばざるを学び、衆人の過ぎし所に復す）」。

「学ばないことを学ぶ」とは、世の中でもてはやされる「前識」を学ぶよりも目の前の現実から学び、物事を判断するという意味。そして、「人々が見過ごすところに帰る」とは、聖人は誰もが見過ごすような危機の予兆、進退のチャンスをとらえ、それ

『老子』の説く現実観察法

◎「前職」に頼って物事を判断しない

……外部からの知識よりも目に見える現実を信じる

◎ 四つの現実観察法

1. 目の前の現実を見よ …… 自分の置かれた状況と感情のベクトルを知る

2. 対象の事情に従って対象を見よ …… その場その場の事情を知る。万能の「正解」はない

3. 現実の全体を見よ …… プラスを知った上でマイナスを守る

4. 些細なことを見よ …… 1危機の予兆、2打って出るチャンス、3退いて下がるチャンスを見極める

に基づいて行動するということです。

そして、最後の「万物のありのままの動きにもとづくだけで、ことさらなことはしないのだ（万物の自然に輔《もと》づき而《しか》して敢えて為さず）」。

すなわち、聖人は周囲の人間（万物）の動きに基づくことを旨にするのであり、ことさらな行動原理主義で現実を変えようとはしない。現実の中にある様々な人間・立場・思想の対立、その中で働く感情力学を見極め、強制力を用いない「無為」によって物事を成し遂げることを言っているのです。

第5章

「王」はいかに人を動かすべきか

権力と敵意の構造

5-1
人を動かす者はみな「王」である

本章からは、ここまで見てきた『老子』謀略術の内容、すなわち、「正」「奇」「無事」の各段階における基本方針である「反」の法則、それを実行するための「柔弱」戦略、「無為」と「不言」といった方法論、「知足」のメンタルセットや『老子』独特の現実観察法などを踏まえた上で、それらを具体的にどう展開するのか、を見ていきましょう。

『老子』が説くのは「個」の教え

『老子』が見据える「成功」とは、王として戦国の世を勝ち抜いて天下を取るという、当時にあって究極とも言える規模のもの。

したがって、「正」「奇」「無事」について説かれる際も、国を治め（「正」）、ライバルとなる敵国を倒し（「奇」）、天下を取る（「無事」）王という立場が念頭に置かれます。では、中国戦国時代の「王」ではない現代の我々にとって、こうした教えが役に立たないのかと言えば決してそんなことはありません。というより、むしろ大いに役に立つと言っていい。

なぜなら、『老子』が説くのは、決して国という大組織の経営論・ガバナンス論といったものではないからです。

そうではなく、あくまでここでの教えの本質は、「道」による感情力学が支配する現実の中で、いかに自分という個人が安全に他人を動かすのか、という点にあるのです。したがって、ここで説かれる内容は、疑いもなく万人の役に立つものだと言えます。なぜなら、社会において物事を成し遂げるためには、どうしたって他人を動かす必要があるからです。

言い方を変えれば、こうです。物事を成し遂げようとすれば、人は多かれ少なかれ「王」になる。

「上」の立場は危険である

ここで『老子』の教えの具体的な内容に入る前に、まずは『老子』の著者たちが

「王」という立場をどのようなものとして見ていたのかを押さえておきましょう。そのことから、当時の王たちと現代の私たちに共通する課題が見えてくるはずだからです。

結論から書けば、『老子』の著者たちから見れば、当時の各国の王は、非常に矛盾した立場にある人々でした。

どういうことか？

そもそも『老子』の説く「柔弱」戦略は、下に立つ人間には比較的容易に実行できます。下の立場とは、基本的にはそのままでマイナスの世界にいるということだからです。人を動かすこともなく、結果への責任もないという立場は、実は周囲の人間へのケアさえ怠らなければ、最もマイナス感情の集まりにくい有利なポジションである。

問題は、自分が人を動かす際の「柔弱」戦略です。

『老子』に言わせれば、当時の各国の王は、人を動かす立場であるがゆえの矛盾に苦しんでいた。

すなわち、彼らは一見すべてが自由になる権力を持つ最も強い立場にありながら、それと同時に下にいる人々からの反感や憎しみ、他国からの敵意といったマイナス感情が一身に集まる最も弱い立場に置かれていたのです。

では、こうした矛盾をどう解決するのか？　どうすれば、人を動かしつつ、かつ危険な上の立場に立つことなく物事を成し遂げることができるのか？

王とは何か？

そうした矛盾を解決するには、何よりも他人に接する際の態度とマインドの問題が重要になります。

どういうことか？

「柔弱」戦略において、謙遜しへりくだることが必須であることは、4章の冒頭で見た通りです。そして、これは王やリーダーという立場の人間にとってはなおさら。謙遜とへりくだりこそが、安全に人を動かすために必須の心構えである。

『老子』は、次のように説きます。

> 大河や海が数百もの谷の王でいられるのは、それらが十分に谷より下にあるからである。だから数百の谷の王でいられるのだ。
> したがって聖人は、人民の上に立とうと思うのならば、必ず言葉でこれにへりくだり、人民の先に立とうと思うのならば、必ず自分の身を後ろに置かなければならない。

だからこそ、聖人は上にいても人民に重いとされず、先に立っても人民は害悪だと考えない。

こうなれば、世の中の人々は王として戴くのを喜び、いやだとは思わない。世の中の人々と争わないことで、世の中の人々もこれと争おうとはしないのだ（第六十六章）

内容は明確でしょう。

要は、人を動かそうと思うのなら、言葉の面でも姿勢の面でも、相手よりもさらに下に立つ必要がある。

そうしてはじめて、自分の身を安全なマイナスの世界に置くことができ、「世の中の人々は王として戴くのを喜び、いやだとは思わない（天下推すを楽しみて而《しか》も厭わず）」という状況を作ることができる。すなわち、マイナス感情ではなく、人望あるいは「信」（信頼感）などのプラス感情を身に受けることができるようになるわけです。

同じ教えを『老子』は、

上に立つ者の「徳」は、低い谷のようである（上徳は谷の如し）（第四十一章）
うまく人を使う者は、その人の下になる（善く人を用いる者は之が下となる）

（第六十八章）

という言い方で繰り返し表現し、またある箇所では、さらに一歩踏み込んだ形で、

国中の汚いものを引き受ける、これを国家の主と言い、国中の不吉な出来事を引き受ける、これを天下の王と言う（国の垢を受く、是れを社稷《しゃしょく》の主と謂い、国の不祥を受く、是を天下の王と謂う）（第七十八章）

とも述べます。

この言葉のメッセージは、表現をひっくり返せばさらに明確になるでしょう。すなわち、人を動かす者は、動かされる人間から「自分ばかり甘い蜜を吸っている」などと見られたら終わりだということです。むしろ、上の立場に立つ者にとって大事なのは、あくまで「自分は立場上、他人を動かしてはいるが、孤独で苦労の多い人物である」と見せること。

こうした態度によって、下からの、あるいは周囲からのマイナス感情を避け、プラス感情を身に受けることが当時の王、そして現代において人を動かそうという人間にとっても大前提となるのです。

王は「道」である

ちなみに、ここまで見ただけでは、『老子』が王という立場をつねに周囲にへりくだらなければならないみじめな立場と見なしていたように感じられますが、それはまったく違います。事実はその反対である。むしろ、『老子』は、王という立場をきわめて偉大なものであると考えていたのです。

2章において、「反」の法則を説いた次の箇所を紹介しました。

> 私は、その名を知らない。仮の字《あざな》をつけて「道」と呼び、強いて名をつけて「大」と呼ぼう。「大」とは「逝」（行くこと）であり、「逝」とは「遠」（遠ざかること）であり、「遠」とは「反」（帰ること）である（第二十五章）

すなわち、万物は「道」の司るままに行き、行っては遠ざかり、遠ざかっては帰ってくるという「反」の運動を繰り返している。そして、実はこの部分は次のように続くのです。

「道」は「大」である。天は「大」である。地は「大」である。王もまた「大」である。世界には「四大」があり、王はその一つなのだ（第二十五章）

ここで『老子』は「反」の運動を司る者を、「大」と名づけ、「道」と並ぶ「大」を他に三つ挙げる（中国では伝統的に現実を「天地人」の三つのレベルに分けて考えることがありますが、ここにあるのも同様の思考です）。

すなわち、「道」という根本的な「大」のもと、天のことは天が「大」として「反」の運動を司り、地のことは地が「大」として「反」の運動を司る。

そして、人のことは王こそが「四大」の一つとして「反」の運動を司らなければならないと説くのです。これは要は、

王とは人間社会における「道」である

という壮大な話なのです。

◎ 人を動かす者が抱える「王の矛盾」とは？

…… 権力があればあるほど、敵意もまた身に集まる

◎「王の矛盾」の解決法とは？

…… 人を動かすにはへりくだって下に立つ

◎ 王は人間社会における「道」である

5-2 人を治める「正」の謀略1
――「無為」と「不言」で他人を感化する

この項目からは『老子』謀略術の基本となる「正」の段階において何をするべきかを見ていくことにしましょう。

「正」の段階とは、王で言えば、人民を教化し支持を取り付け、打って出る力を蓄える段階であり、我々で言えば、周囲の人々を感化し味方につけて、成功への環境を整える段階です。

他人への貢献が基本

まず「正」の段階における正しい行動とは何か、その基本を見ていきましょう。

前項において、「王とは人間社会における『道』である」という『老子』の定義を確認しました。そうであるならば、王たるもの（そして、我々も）、「道」と同じく「反」の法則を行動の指針としなければならないわけです。

では「正」の段階における「反」の法則とは何であったか？　それは3章で見た通り、

余りある自分を減らして、足りない周囲に補う

というもの。

この「余りある自分を減らして、足りない周囲に補う」ということについて、『老子』は、さらに詳しく次のように言います。

> 聖人は貯めこまない。ことごとく人にほどこして、自分のものをますます増やす。ことごとく人に与えて、自分のものをますます多くする（聖人は積まず。既《ことごと》く以て人に為《ほどこ》して、已れ愈いよ有り。既く以て人に与えて、已れ愈いよ多し）
> （第八十一章）

これを要は、率先して自分の持っているプラスを他人のために消費し、それが足り

「正」の段階で何をすべきか

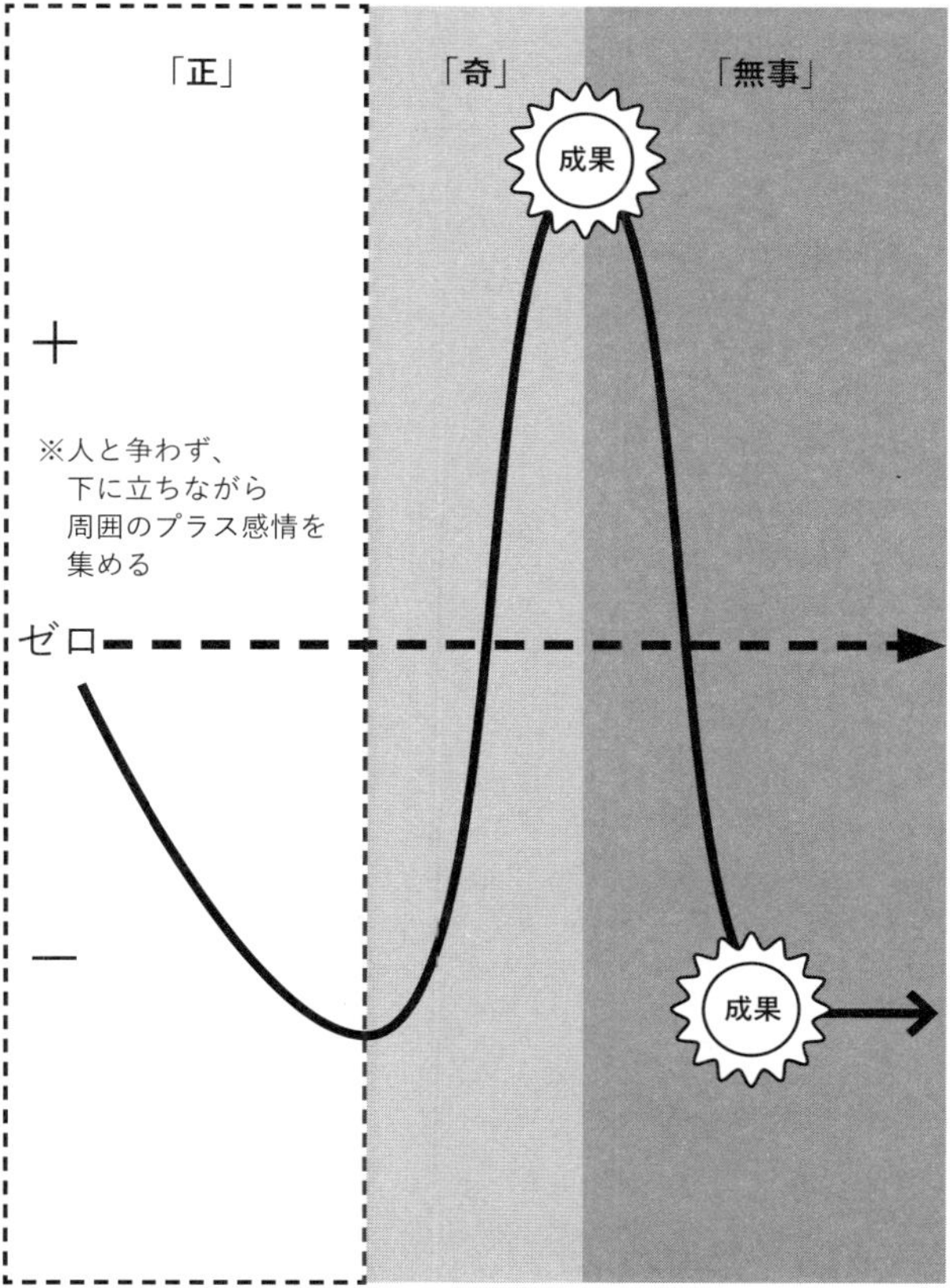

なくて困っている人々を補って助けなければならない、ということ。言い換えればこうです。

人より多く持っている要素を使って周囲へ貢献する

ここで言う「人より多く持っている要素」は、財力でも知識でも技能でも、もっと単純な体力・労力でもいいでしょう。また、何らかのリーダーであれば、影響力や決定権、王であれば軍事力や権力などもここに含まれます。ともかくこうした人より多く持っているプラスを周囲の人々のために使い、還元し、貢献する。あるいは、そう見せる。あくまで前項で見たように周囲にへりくだりながらです。

前ページの図において、「正」の段階のはじめが下降線で描かれるのは、この周囲への貢献とへりくだりのフィーリングを表しているのです。

これをすることで、「信」や人望、好意といった周囲からのプラス感情を「ますます増やす（愈いよ有り）」「ますます多くする（愈いよ多し）」というのが、「正」の段階における基本なのです。

そして、このようにして周囲からのプラス感情を身にまとってはじめて、成功に向けて周囲を味方につけ、動かすための感情力学的な下地ができるのです。

「押し付け感化」は最悪

そして、より積極的な面から言えば、「正」の段階においては、周囲の人々を自然な形で治め、また感化していくことが大事です。

すなわち、王であれば自国の民を、我々であれば部下や周囲の人々を平穏に治め、その中で自分の思想、価値観に感化していく。そうすることで、自分への支持を取り付け、周囲を味方につけていくのです。

これが政治の安定を生み、個人で言えば実生活の安泰を生む。

この場合に最もダメなのが、自分のやり方や考え方を一方的に押し付けることで、これはまったくの逆効果なのです。どういうことか？

例えば、王が自分の考え方、価値観に従うように、逐一人民に細かく「ああしろ」「こうしろ」と強制したとします。

すると、どうなるか？

人民はまず感情的に反発し、次にいかにその細かい指示命令の隙間を突くかを考え始めるのです。より具体的にイメージすれば、上から「Aをしろ」と言われた瞬間に、「Bをするなとは言われてない」という理屈が出てくるような雰囲気が人民に行きわたってしまう。

これを『老子』は端的に次のように表現します。

政治が細かくはっきりとしていれば、人民はずる賢くなる（其の政、察察たらば、其の民、欠欠たり）（第五十八章）

上司と部下の関係で言えば、上司が自分の価値観に従って、一方的にルールやマニュアルで部下を縛ろうとすればするほど、部下は自然とその隙間を突こうと知恵を絞るようになる。

これはすでに、上と下の敵対関係であり内乱状態なのです。感情力学的に見ても、王の下、上司の下には敵意のマイナス感情が集まることになる。これは、逆効果であり最悪なのです。

そうした「察察たる」統治の行く末を『老子』は次のように描写します。

世の中に禁令が多くなればなるほど、民はいよいよ離反し、人民の間に武器が多くなればなるほど国家はますます混乱する。人々が高度な技術を身につければ身につけるほど余計な物事がますます起こり、法令が行きわたれば行きわたるほど盗賊は多く現れる（天下に忌諱《きき》多くして民弥《いよ》いよ貧に、民に利器多くして国家滋《ます》ます昏《くら》し。人に伎巧多くして奇物滋ます起こり、法令滋ます彰らかにして盗賊多く有り）（第五十七章）

では、実際問題において、どのような統治の仕方、感化の仕方がベストなのか？

ぼんやりと他人を治める

『老子』は次のように言います。

政治がぼんやりとおおまかであれば、人民は純朴になる（其の政、悶悶たらば、其の民、淳淳たり）（第五十八章）

これはすなわち「ぼんやりとおおまかな（悶悶たる）」政治であれば、先ほどとは逆に人々はずる賢さを発揮することもなく素直に従うようになる、ということです。

では、ここで言う「ぼんやりとおおまかな（悶悶たる）」とは、どのような統治の仕方を指すのか？

結論から書けば、それは3章で見てきたこと、すなわち、**「無為」を基本として、「不言」で人々を導く**のです。

「無為の治」

『老子』は、政治の在り方について次のようにも言います。

> 人民の住むところを狭めてはならない。人民の生業を圧迫してはならない。圧迫さえしなければ、それで統治者を嫌うこともなくなるのだ（其の居る所を狎《せば》むること無かれ。其の生くる所を厭《あっ》する無かれ。夫れ唯だ厭《いと》せず、是を以て厭わず）（第七十二章）

すなわち、人民のことは人民に、相手のことは相手に任せる。この放任主義の統治こそが王にプラス感情を持たせ、味方につけていくための統治と感化の基本である、と『老子』は言っているわけです。

ただし、もちろん放っておくだけでは、人民、あるいは周囲の人間をうまく治めることなどできません。何もしないで国が、組織がうまくいけば誰も苦労はしないのです。

では、どうするのか？

そこで「無為」なのです。いま一度振り返れば、本書では3章で見たように、

「無為」とは、あからさまな強制力を用いずに人を動かすこと

でした。

そして、この「無為」による統治と言えば、実はこれと限りなく近い、と言うかほぼ同様の方法論が「ナッジ」という名前で、近年、国や企業によって注目されています。

この「ナッジ」、我々が「無為」という手法を今の現実の中でいかに実践するのか、そのイメージをつかむためにはうってつけの事例なので、ここで紹介しておきたいと思います。

現代の「無為」──「ナッジ」

「ナッジ」とは、分かりやすく言えば、相手に自ら選択させながらの誘導のこと。法学者キャス・サンスティーンと経済学者のリチャード・セイラーが共著『実践行動経済学』で提唱したもので、「人間の行為は、よく考えての熟慮的な判断よりも反射的あるいは惰性的な判断に引きずられる」という心理学的な傾向を利用した方法論です。具体的には次のような手法が知られています。

「デフォルト化」……初期設定を設計者の望むものにし、その解除は利用者が自由にできるようにしておく。例えば、動画アプリをスマホに入れた際の初期設定を「関連動画を自動再生」にしておけば、惰性によって自動再生機能をそのまま使う人間が自然と増える。

「目立たせる」……手に取らせたいもの、採用させたいものを目立つ位置に配置する。例えば、スーパーなどの店舗は買わせたい商品を棚の目立つ位置に置くことで、自然と顧客はその商品を手にする。

「情報開示」……情報を単純に開示する。例えば、レストランのメニューのカロリー表示を義務づければ、顧客は強制しなくても自然にカロリーの高い食品を避ける。

「手続きの簡素化」……加入させたいもの、参加させたいものはそのための手続きを簡素化する。例えば、失業者への送付書類などで、空欄にチェックするだけで特定の職業訓練を受けられるようにすれば、自然と参加者は増える。

「社会規範の利用」……特定の社会規範・空気を行きわたらせる。例えば、「歩きスマホは恥ずかしいことだ」という空気ができあがれば、個々に強制しなくても歩きスマホは減る。

こうした手法はみなさんも生活の各場面で思い当たる節があるでしょう。

これらの例は『老子』の内容から振り返れば、まさに「無為」的統治、すなわち「無為の治」です。いかに強制力を用いずに人を動かすか、あるいはいかに人に動かされないかを考える際には、こうした現実に行われている実例を大いに参考にすべききです。

再び「反」の法則の重要性

ただし、『老子』的観点から言えば、こうした「無為」の実践、「ナッジ」の実践も、「余りある自分を減らして、足りない周囲に補う」という「反」の法則に従って行うことが大前提となります。すなわち、困っている相手のための誘導であること、そう見せることが大事である。なぜなら、そこを踏まえなければ、いざ誘導している事実を相手に気づかれた際に、強制力を用いたのと変わらない反発が生まれてしまうからです。

例えば、先ほど「デフォルト化」の例で見た動画アプリの例も、自動再生機能がユーザーの利便性のための機能ではなく、自社の利益のためのものであることがあからさまになれば、やはりユーザーからのマイナス感情が生まれてしまうのです。

「不言」で導く

また、「正」の段階においては、「無為」よりもさらに動きの少ない統治と感化の技法として、3章で見た「不言」があります。

中でも『老子』が理想とするのは、言葉を使わない完全なる「不言」。要は自分自身の行いや姿勢を見せていくことで周囲の行動や価値観を変容させるのです。

例えば、次のように。

> 上に立つ者が優秀な者ばかりを大事にしなければ、人民に認められるための争いをさせずにすむ。
> 上に立つ者が珍しい財宝を大事にしなければ、人民に盗みをさせずにすむ。
> 上に立つ者が欲しがる気持ちを見せなければ、人民の心を乱れさせずにすむ
> （第三章）

ここで言うのはすなわち、王が自ら率先して、優秀な人材、貴重な物体以外のものも平等に大事にする姿勢を示していけば、その下にいる人々もまた、能力の優秀さや所有する物体の貴重さを争うような競争的な価値観を持たなくなる、ということです（この競争的な価値観、すなわち「剛強」の意識を人民に持たせないというのは、『老子』の統治術の根幹なのですが、それについては次項で扱います）。

もちろん、このような率先垂範による「不言」の技法は、3章で述べたように、周

囲からの「信」をはじめとしたプラスの感情を身にまとってはじめて実行できるもの。「信」のない人間の背中には誰もついてこないのです。

したがって、ここでもまずは日々の行いにおいて「余りある自分を減らして、足りない周囲に補う」という「反」の法則に従うこと。すなわち、「自分ではなく周囲のため」という姿勢をとっていくことで、プラス感情を自分に集めていくことが大切になるわけです。

5-3
人を治める「正」の謀略２――競争意識を捨てさせる

では、話をさらに一歩進めます。現代的な価値観からすれば、内容はややエグくなりますが、かまわず行きます。

前項では、王で言えば国の人民を、我々で言えば周囲の人間を治め、感化し、味方につけるための「無為」と「不言」の用法を解説しました。

ところで、先ほどから「感化」という言葉が繰り出してきていますが、ここで当然の疑問が湧いて来るでしょう。すなわち、

いったいどのような価値観に周囲を感化すればいいのか？

結論から書きましょう。『老子』謀略術においては、周囲を「知足」で感化していくことが重要なのです。

人民を「知足」の状態に置く

実は、『老子』の説く王のための統治術のキモは、人民に「これ以上欲しがっては危険だ」という安全なラインで欲求を止めるような価値観、すなわち4章で扱った「知足」を身につけさせることにあるのです。

『老子』は次のように説きます。

> 聖人の政治は、人々の腹を満たすためにし、人の目を楽しませるためにはしない（聖人の治むるや、腹の為めにして、目の為めにせず）（第十二章）

ここでいう「腹」とは、食事に代表される生命維持に必須な要素のこと。現在で言えば、「生活のために」というときの「生活」という言葉をイメージすればいいでしょう。

この「腹」までが人民の「知足」のラインである。そして、『老子』はそのライン以上の欲求を「目」と表現し、政治は人の「目」を楽しませるためにはすべきではない、と説くわけです。

なぜか？

『老子』は先ほどの「腹」のための政治を説く箇所の前段で次のように言っています。

> きらびやかな色彩は人の目を見えなくさせ、美しい音は人の耳を聞こえなくさせ、うまい味は人の舌を麻痺させ、馬を走らせての狩りは人の心を狂わせ、手に入れがたい財宝は人の正しい行いを妨げる（第十二章）

すなわち、人民が「知足」のラインを超えた欲求を満たそうとすれば、感覚、価値観、心が狂うのです。では、感覚、価値観、心が狂った人民はどうなるか？

4章で見た通り、「知足」がマイナス世界に踏み止まるための教えであったことを考えれば、その答えは明らかでしょう。プラスの世界に入り、人と争い少しでも人の上に立とうとし始めるのです。

一言で言えば、「剛強」の意識を持つようになる。

そのことは、現代においても一部で見られる、ブランド品、高級車、タワーマンションなどの「目」のための物体の所有をめぐっての人々の競争を見ても分かることでしょう。

「志を弱くして骨を強くす」

『老子』はこのことについて、次のようにも説きます。

> 聖人の政治は、人民の心に余計なものを抱かせずに「腹」を満たし、「志」を弱めて骨を丈夫にさせる（聖人の治は、其の心を虚しくして其の腹を実《み》たし、其の志を弱くして其の骨を強くす）（第三章）

『老子』は政治の目的を「『志』を弱めて骨を丈夫にさせる」ことだと言います。「骨を丈夫にさせる」とは、生きる上での基本的な生活力、生命力を養うことですが、ここでの問題は「『志』を弱める」とは何か、です。

ここでは、先ほど見たような競争意識、「剛強」の意識をさらに「志」という端的な言葉で言い換えています。

この「志」とは、4章で「知足」を解説した際に見た第三十三章の一文「あえて行動する者は志を遂げることができる（強《つと》めて行う者は志を有す）」で見たものと同じで、「知足」の境地を超えてプラスの世界に打って出て、成功を求める「志」のことです。

では、なぜ人民の「志」を弱めなければならないと『老子』は説くのか？

こうした「志」は、何より統治者にとって代わろうとする反乱・謀反の原因になるからです。『老子』謀略術とは、あくまで「自分が」成功し、天下を取るための教えです。すなわち、「志」とはあくまで自分が持つものであり、他人に持たせてはいけないものなのです。

国の人民に、あるいは周囲の人間に競争意識、成功への「志」が充満していれば、いずれそれが、自分を蹴落とす芽となりかねない。

だからこそ、王は、率先して、競争意識を捨てた「知足」の姿勢を示し感化していく。「目の前の生活に満足しよう。人と比べて競争することはやめよう」という雰囲気を周囲に行きわたらせるのです。そうして「上」という危険な立場にある自分の身を守る。

前項で見た、

> 上に立つ者が優秀な者ばかりを大事にしなければ、人民に認められるための争いをさせずにすむ。
> 上に立つ者が珍しい財宝を大事にしなければ、人民に盗みをさせずにすむ。

上に立つ者が欲しがる気持ちを見せなければ、人民の心を乱れさせずにすむ（第三章）

という「不言」による感化もそれを狙ったものなのです。

『老子』の政治は愚民化政策である

さらに、ここで一つ触れておくと、よくある『老子』批判の一つに、「『老子』の説く政治は、統治者のために大衆を愚かにして治めようとする愚民化政策ではないか？」というものがあります。こうした批判について、『老子』をヒューマニズムの書として読もうとする様々な解説書によって反論が試みられてきました。

しかし、本書は反論しません。むしろ、「その通りである」と答えたい。そもそもの話、『老子』の本文に、

いにしえのよく「道」を行う者は、人民を聡明にはせず、愚かにしようとしたのだ（古の道を善く道を為す者は、以て民を明らかにするに非ず、将に以て之を愚にせんとす）（第六十五章）

とはっきり書いてある以上、どう反論したところで無理がある。筆者はそう思います。

ただし、問題はこの「愚にせんとす」の中身であって、これは人民の知力を奪うというよりは、見てきたように「知足」の精神を浸透させることで「志」を弱めることなのです。

人民を導く先──「小国寡民」のユートピア

『老子』には、次のような有名な「理想郷」の描写があります。

> 国は小さくし、そこの住民も少なくする。十人力、百人力の道具があっても用いないようにさせ、住民には命を大切にさせ、他の土地に移住させないようにする。こうなれば、船や車があっても使う機会もなく、甲冑や武器があっても並べる機会もないであろう。（文字を学ぶことなど止めて）昔のように縄の結び目で意志を伝えあうようにさせる。
>
> 目の前の食事をうまいとし、今着ている服をよいものとし、今住んでいる家に

安んじて、自分たちの習俗を楽しいものとする。
隣国同士がお互いに見えて、ニワトリや犬の声がお互いに聞こえたとしても、住民は老いて死ぬまでお互いに往来しない（のが理想である）（第八十章）

この、競争から距離をとり、目の前の暮らしに満足し、外界と接触を絶った「知足」の理想郷を描いた第八十章は、『老子』の中でも屈指の有名な章であり、六朝時代の陶淵明という有名な隠逸詩人の作品「桃花源の記」にも強い影響を与えたことで知られます（「桃花源の記」は「桃源郷」という言葉のもとになった作品です）。

こうした人民の姿は、「小国寡民」というキーワードとともに、今に至るまで競争に疲れた人々にとってあこがれのユートピアのイメージを与え続けています。

ただ、ここまで見てきたことから分かるように、本来の『老子』の内容から言えば、この「小国寡民」のユートピアは、決して、読む者に対して「理想郷に引きこもれ」「外界と接触を絶て」「知足であれ」というメッセージとして書かれているわけではない。

これは、あくまで自分が王として人を治める際の理想的な統治のイメージを描いているのです。要は「『知足』の精神が行き渡れば、人民自身も余計なことを考えず満足して暮らすだろう」ということ。

そのことは、その前半に繰り返される「〜させる（原文では「使」）」という表現からも分かります。すなわち、一般の解釈とは違い、あくまで王が人民にそうさせる、という話なのです。

5-4

人を治める「正」の謀略3

――自分に向けられる敵意を無力化する

どんなに人々の間に「知足」の精神を行きわたらせたところで、一人くらいは「志」を持ち、「奇」の段階に打って出ようとする人物、すなわち「成功」のためにこちらに敵意を向けてくる人間は出てくるでしょう。

そうしたときに『老子』はどうせよと説くのか？　『老子』の結論を書きましょう。何もする必要はないのです。

なぜか？

人々の中に競争を嫌う意識、「知足」の意識が浸透していれば、そのような人物を抑え込むための一種の「システム」がすでにできあがっているからです。

いかに反乱・謀反を治めるか？

第三章の最後は、次のように締めくくられます。

> つねに民を無知無欲にしておき、あのような智者に行動させないようにする。「無為」を行えば治まらないということはないのだ（常に民をして無知無欲なら使《し》め、夫《か》の知者をして敢えて為さざら使む。無為を為さば則ち治まらざる無し）
>
> （第三章）

ここで重要なのが、「つねに民を無知無欲にしておき、あのような智者に行動させないようにする」という一文の意味。

これは方法と目的の話だということを意識する必要があります。

まず、「つねに民を無知無欲にしておく（常に民をして無知無欲なら使め）」。これは人民をみな「知足」の状態にしておくことであり、これが方法。

そして、その方法によって「あのような智者に行動させないようにする（夫の知者をして敢えて為さざら使む）」という目的を達する。

ここでの「あのような智者」とは、要は「前識」で人民を扇動して国を乱そうとする者のこと。当時、各国に儒教など様々な思想で政治に影響を与えようとした知識人がいたことから、「あのような（夫の）」という表現になっているのでしょう。

この「知者」について、より具体的にイメージすれば、次のようになるでしょうか。

日本は『老子』王国である

自分は正解を知っていると信じる「前識」を持った知識人は、何をするか？

これは古今東西変わりません。周囲の人々に対して、「今の生活に満足するな」と説くのです。つまりは、人々に対して「知足」以上の「志」を持つように扇動する。

それが、どんなに当の人々にとって大きなお世話であっても、です。

そして、そうした知識人の浅はかな扇動のせいで国は乱れ、最低限の「腹」すら満たせないほどの状態となってしまう。それが戦乱期における『老子』の危機感だったのです。

ではどうするか？

先手を打って、知識人（智者）が行動できないような感情力学的なシステムを整えておくのです。

すなわち、人々の間に目の前の生活に満足し、それ以上の欲求をリスクだとする「知足」の価値観・マイナス世界の雰囲気を作り上げる。

そうなれば、妙な「前識」を振りかざすプラス世界の知識人が「もっと欲を持て」「立ち上がれ」などと説いたところで、誰もその言葉に耳を傾けることなどなくなる。「なぜそんな必要がある？」という話になるのです。すなわち、人々自身に知識人を拒否させる。

一つ、フィーリングをつかむために現代の日本の例で言いましょう。政治の話です。

日本では自民党の一党支配が続き、政権交代を実現できない野党の弱さがよく言われます。

野党は現状の政治の変革をうたって必死に国民の支持を取り付けようとしていますが、どうもうまくいかない。その原因については、自民党という党の持つ思想的な幅広さ、日本人の気質、あるいはリベラリズムの衰退など、様々な分析が専門家によってなされます。ただし、こと『老子』から見れば原因は一つ。

国民の多くが「知足」の状態にあり、感情力学的な防衛システムができあがっているからです。すなわち、目の前の生活に満足し、それ以上は望まない雰囲気が多くの日本人の心の深いところに浸透している。

結果として敵意がことさら為政者に向くようなことがないのです。その意味で、日本の政治は『老子』の統治術を実現しているのかもしれません。

反乱・謀反を鎮圧してはならない

そして、もう一つ。

反乱・謀反を人々自身に拒否させよ、という教えの力点は、反乱・謀反を抑えるのに王が直接手を下してはならない、というところにもあります。要は、自分への攻撃に対して直接反撃して鎮圧するのは下策だということ。

それでは、王である自分と人々が分断され対立することになる。そうした構図は、新たな反乱・謀反の芽となるものであり、王としては絶対に避けなければならないものなのです。だからこそ、第七十四章において『老子』は次のように語ります。

> 人民が死を恐れなければ、どうやって死刑によって脅せよう。
> 逆にもし人民がつねに死を恐れてさえいれば、「奇」をなす者をとらえて殺すことができたとしても、私がどうしてそんなことをしよう。
> 人民がつねに必ず死を恐れるようになれば、人民の中からつねに殺す役割の者

があらわれて、「奇」をなす者をとらえ勝手にこれを殺すのだ。殺す役割の者がいるのに代わって殺す。これを「名人に代わって木を切る」という。そもそも名人に代わって木を切れば、その手を傷つけないでいられることは稀なのだ（第七十四章）

ここで言う「死を恐れない（死を畏れず）」とは、「死地」（3‐4参照）つまりプラス世界、競争の世界で死ぬことをいとわない「剛強」のメンタリティのこと。こういうメンタリティの人間に対しては、死罪は抑止力にならない。端から富や名誉のためには死んでもいいと思っているからです。

それよりも、人民みなに「知足」の心を広め、「死地」に入ることを恐れる精神的雰囲気を作り上げること。そうなれば、「『奇』をなす者」すなわち、競争に打って出て国を乱す人間がいても、これをとらえて殺す必要すらなくなる。「死地」を嫌う周囲の人間が、そうした存在を許さないからです。

ならば、わざわざ統治者が罰するまでもない。人民の感情、「道」によるベクトルに裁かせればよく、わざわざ自分の手を血で汚す必要もないというのが、ここで言われている内容なのです。

「正」の段階ですべきこと

◎「正」の段階では周囲の人間を治めつつ感化し、味方につける

◎行動の基本原則

……人より多く持っている要素を使って
周囲へ貢献する

⬇

周囲から「信」などのプラス感情を集め
味方につける

◎統治と感化の方法は主に二つ

1.「無為」…… 周囲の足りない部分を補う形をとりつつ、強制力を用いないで誘導する

2.「不言」…… 周囲への貢献で集めた「信」をもとに、言葉ではなく姿勢で感化する

◎周囲を「知足」で感化
➡ 自分への敵意・反乱を無力化する

5-5

「奇」の謀略術1——敵を「剛強」状態に追い込む

この項目からは、打って出る「奇」の段階においていかに敵を倒すか、その方法について見ていきましょう。

もちろん、そもそも敵など作らないほうがいいですし、争いなどしないほうがいい、という考え方もあるでしょう。それは、基本的には『老子』においても同様であり、だからこそ、この敵と争う段階を「例外」を表す「奇」という字をもって呼ぶのです。

しかし、実際問題、現実の中で物事を成すためには、やむを得ずにしろ誰かを倒す必要が出てくる。こちらから仕掛けるにせよ、相手から仕掛けられるにせよ、です。

そこで、ここでは『老子』の中にある、競争の世界という「死地」に突入し、いかに身の安全を確保しながら敵を倒すか、の教えを見ていきます。

「反」の法則に則る

まず、「奇」の段階における行動の指針となる「反」の法則を確認しておきましょう。それは次のようなものでした。

余りある敵を減らして、足りない自分に補う

これは、具体的にはどういう意味か？

結論から書けば、敵と戦うには、余りある強者である敵を弱らせて、足りない弱者である自分がのし上がる構図を作らなければならないということです。

では、なぜこのような構図が必要なのか？

仮に、こちらが自分より弱い者と戦う形になれば、それはマイナスに対してマイナスを与える行為になるからです。それでは「道」による「反」の法則に反し、戦いを始めた途端に周囲から憎しみや怒りというマイナス感情が発生してしまう。要は「弱い者いじめ」をしているように周囲に見られ、感情力学上、極めて不利な状況になってしまうのです。

「奇」の段階で何をすべきか

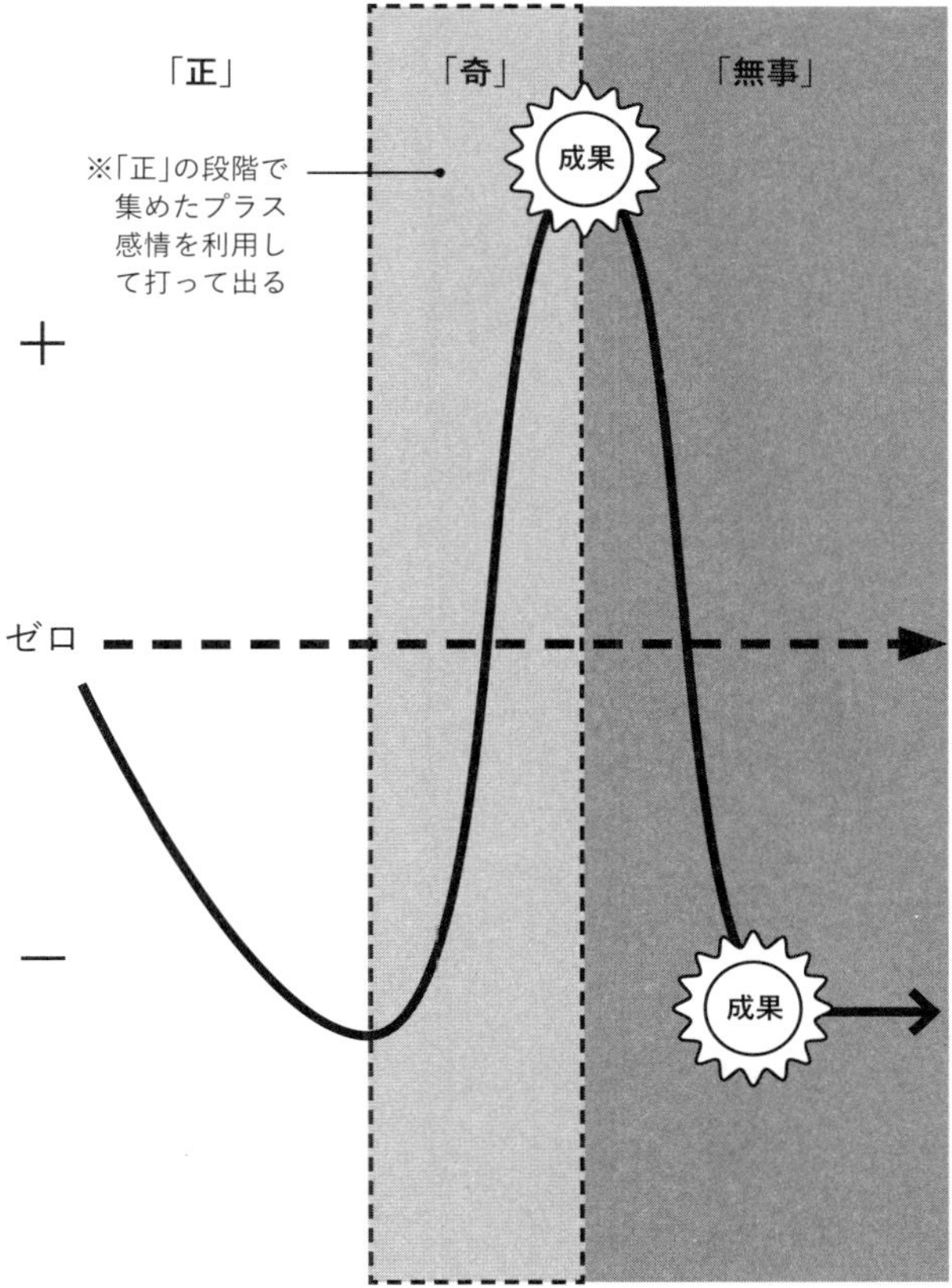

これは、例えば、大企業の社長が一社員を公に批判する場合と、一社員が社長を公に批判する場合の周囲が受ける印象の違いを想像してみれば分かるでしょう。だからこそ、打って出る際、戦う際、奪い取る際には、感情力学上、敵は絶対に強者でなければならないのです。

敵を調子づかせ、「剛強」状態に追い込む

そこで問題は、いかにして周囲にこちらの敵を強者として認識させるかです。『老子』は、そのためには、敵を調子づかせ、おごり高ぶらせることだと説きます。要は、「剛強」状態に追い込むのです。その教えを説いているのが、第三十六章です。

> それを縮めたいのならば、いったんそれを拡げなければならない。これを弱めたいのならば、いったんそれを強めなければならない。これをなくしたいのならば、いったんそれを盛り立てなければならない。これを奪いたいのならば、いったんそれを与えなければならない。これを「うかがい知れない知恵（「微明」）」と言う。
> 「柔弱」は「剛強」に勝つのだ。

魚は淵から離れてはならず、国の兵力も人に見せてはならない（第三十六章）

ここに書かれている「それを縮めたいのならば、いったんそれを拡げなければならない。これを弱めたいのならば、いったんそれを強めなければならない。これをなくしたいのならば、いったんそれを盛り立てなければならない。これを奪いたいのならば、いったんそれを与えなければならない（之を歙《ちぢ》めんと将欲《ほっ》せば、必ず固《しばら》く之を張れ。之を弱めんと将欲せば、必ず固く之を強めよ。之を廃せんと将欲せば、必ず固く之を興せ。之を奪わんと将欲せば、必ず固く之を与えよ）」とは、具体的にどういうことか？　これはすなわち、

敵にはまずはこちらからエサを与え、「剛強」の振る舞いをさせよ

ということなのです。

すなわち、相手をいったん勝たせ、奪わせ、強気にさせておいて、そうした姿を周囲に見せる。そうすれば、その敵を周囲は横暴なおごり高ぶった「剛強」の強者だと認識し、憎み、恨むのです。こうして、有利な「強者対弱者」の構図に敵を引きずり込むのです。

この第三十六章の内容は、『老子』を超俗的な哲学、あるいは「あるがままでいい」という思想として読む人間をとくに困惑させる内容です。どう見たって、現実の中で敵を倒すための謀略の教えだからです。

だからこそ、一般的な解説書では、「三十六章は権謀術数の言であって『老子』にふさわしくない」（楠山春樹著『老子入門』講談社学術文庫）などとも言われ、歯切れの悪い解説に終始してしまう。

ただ本書の立場から言えば、『老子』は権謀術数の書だから、権謀術数の言が書かれているというだけの話です。

謀略の実例

ところで、この第三十六章の教えが実際に使用された例が、春秋戦国期の各国の謀略家の謀略の実例を記録した『戦国策』という書物に残されています。

これは春秋時代末期、晋という国が知、韓、魏、趙、范《はん》、中行という六氏に分割統治されお互いに争った時期の話で、六氏のうち最も強かった知氏が亡んだ際の顚末です。

知伯（知氏の君主）が土地を魏桓子《ぎかんし》（魏氏の君主）に要求して来たが、魏桓子は与えなかった。

任章《じんしょう》（魏氏の家臣）が言った。「どうしてお与えにならないのですか」

桓子「理由もなしに土地を要求して来ているのだから、与えないのだ」

任章「理由もなく土地を求めなどすれば、隣の国々が恐れるに違いなく、貪欲で飽くことがなければ、天下の諸侯が恐れるに違いありません。君には、土地をお与えになることです。知伯はきっと驕慢になります。驕慢になって相手国を軽んじますと、隣の国々は恐れて互いに親交します。親交国の軍でもって相手を軽んじている国に立ち向かうのですから、知氏の命脈も長くはありますまい。『周書』に『破ろうと思うなら、是非しばらくは助けてやること、取ろうと思うなら、是非しばらくは与えてやること』とあります。君には、土地を与えておやりになって、知伯を驕らせなさることです。君にはどうして、天下の諸侯を率いて知氏への対策をたてようとはなさらないで、もっぱら我が国を知氏の標的となさるのですか」

君は「なるほど」と言った。そこで万戸の邑《ゆう》一つを知伯に与えた。

知伯はたいそう喜んだ。その勢いで蔡《さい》・皐狼《こうろう》の土地を趙に要求した。趙が与えなかったので、晋陽を包囲した。韓・魏が城外で離反し、趙国が城内でこれに呼応し

たので、知氏は滅んだ——『戦国策』魏上 桓子1（近藤光男訳 講談社学術文庫 カッコ内の説明は筆者が加えた）

これによれば、策士の任章は、『周書』という書にあるという、

「破ろうと思うなら、是非しばらくは助けてやること、取ろうと思うなら、是非しばらくは与えてやること（之を敗らんと将欲せば、必ず姑《しばら》く之を輔《たす》けよ。之を取らんと将欲せば、必ず姑く之を与えよ）」

という『老子』とほとんど同じ文面の教えを引き合いに、魏桓子に知伯の理不尽な土地の割譲要求をあえて飲むように勧めます。そうすることで、知伯のおごり高ぶった「剛強」の態度に拍車をかけ、強者としての理不尽さを天下に明らかにしようとしたわけです。

そして、その策を実行した結果、任章の狙い通りに知伯は一層「剛強」な態度をとるようになり、おごり高ぶった強者として周囲からのマイナス感情を一身に浴びる立場に。果たして、晋の中でも最強の勢力だった知氏は、周りすべてを敵に回して亡びることになったわけです。

謎の書『周書』

ところで、このエピソードの中で任章が引き合いに出す『老子』とまったく同じ教えが書かれた『周書』という書物が気になります。

ただ、残念ながら、結論から書くとこの『周書』については「よくわからない」というのが正直なところです。

というのも、『周書』からのものとされる記事自体は、様々な古典に引用されており、『戦国策』に先ほど見たものの他に三か所、『墨子』の七患篇と明鬼下篇、『韓非子』難勢篇、『管子』任法篇などで確認できます。しかし、その記事の内容を見てみると、先ほどのような『老子』に該当するもののほかに、現在の『書経』に当たるもの、『詩経』に当たるもの、『逸周書』に当たるもの、他の古典に見当たらないものなどバラバラで、特定の書物としての焦点を結ばない感じなのです。

あるいは、「周書」という言葉自体、特定の書名というより、古の教えの詰まった「周の時代の書物群」くらいの意味で考えたほうがいいのかもしれません。

いずれにせよ当時の一流の謀略家にとって、本書で見てきた『老子』的な感情力学や謀略技術が、当然心得ておくべきある種の常識となっていたことだけはたしかです。

今でも生きる戦いの原理

この項目で紹介した考え方は、現在でもありとあらゆる社会的な争いの中で見られるものです。

例えば、国家間の戦争でも、他国に攻め入る際には、必ずその他国の存在がいかに自国にとって脅威であるかが大義名分として語られるものですし、社会運動においても、いかに相手が横暴な権力者であって自分たちが虐げられている弱者であるかが熱心に説かれる。

すなわち、戦いを有利に進めるために、周囲の感情を味方につけることに腐心しているわけです。そのため、ときには、お互いが「相手こそが横暴な強者である」と強者の位置を押し付けあったりもする。『老子』の説いた戦いの原理は、いまだに生きているのです。

5-6 「奇」の謀略術2——「慈」の心で戦う

前項では、戦いを有利に進めるための前提となる「構図」の重要性と、相手を強者の位置に誘い込む方法について見てきました。
では、実際の戦いの局面においては、『老子』はどのような教えを説くのか？

「三宝」とは何か？

『老子』は戦いにおいて敵に勝つための三つのポイントを説いています。

……私には「三宝（三つの宝）」があり、これを持って離さないようにしている。一つ目を「慈」と言い、二つ目を「倹」と言い、三つ目を「ことさらに天下の争いの先頭に立たないこと」と言う。

「慈」であるからこそ勇敢でいることができ、「倹」であるからこそ拡大していくことができ、「ことさらに天下の争いの先頭に立たない」からこそ、軍を率いることができる。

今、「慈」を捨てて勇敢であろうとし、「倹」を捨てて拡大しようとし、「後」を捨てて天下の争いの先頭に立とうとすれば死ぬだろう。

いったい、「慈」とは、それによって戦えば勝ち、それによって守れば堅固である。天の「道」もこれを救おうとして、「慈」によってこれを守るだろう（第六十七章）

すなわち、『老子』において、敵に勝利するには次の三つが必要であると説き、これを「三宝」と呼びます。その内容について、目安としてまとめれば、およそ次のようになります。

「慈」……戦うにあたっては慈しみや思いやりの心を行動原理とすること
「倹」……勢力を広げるにあたっては、なるだけ武力を使わないこと
「後」……軍を率いるにあたっては、後手を取ること

打って出る「奇」の段階においては、この「三宝」を守ることがなければ「死ぬだろう」、と『老子』は言うわけです。

では、この「三宝」とは、それぞれどういうものなのか？

一つひとつ見ていきましょう。

「慈」とは何か？

「慈」とは、慈しみや思いやりの心のこと。これを戦いの原理にしなければならない。

『老子』は「『慈』であるからこそ勇敢でいることができる（慈なり、故に能く勇なり）」と言います。

なぜか？

「慈」は戦うものが必ず手にしておくべき武器であり、それなしに勇敢に振る舞えば死ぬだけだからです。『老子』は次のように説きます。

「慈」とは、それによって戦えば勝ち、それによって守れば堅固である。天の「道」もこれを救おうとして、「慈」によってこれを守るだろう（夫れ慈は、以て戦わば則ち勝ち、以て守らば則ち固し。天将《まさ》に之を救わんとし、慈を以て之を衛《まも》

る）（第六十七章）

ここで、『老子』は、「慈」の心で戦う者は、天の「道」もまた「慈」の心を持って守ると言っています。これもまた感情力学の話であり、慈しみ、思いやりに従って戦えば、「道」からのプラスのベクトルを受けることができる。つまり、周囲の人間から慈しみ、思いやり、「信」といったプラス感情がその人間に向かって集まってくるということです。

逆に言えば、ただ勝つために兵法、マニュアル、計画といった「前識」に従っているのだと見られてしまえば、「彼は冷酷だ」「勝つためには犠牲もいとわない人間だ」といった評判が立って、周囲からはマイナス感情が集まってくるのです。

では、「慈」に従って戦うとは具体的にはどういうことか？

「慈」に従って戦うための三つのポイント

その内容を説いているのが、トルストイを落胆させた第三十一章です。

いったい、武器とは不吉な道具であり、誰もがつねに〝嫌う〟ものだ。だからこそ、有道者は、それを使う立場には立たないのだ。

……武器は不吉な道具であり、君子の道具ではない。やむなくこれを用いる場合はあっさりと使うのが最上であり、勝ってもよいことだとしてはいけない。これをよいことだとすれば、人を殺すのを楽しんだことになる。人を殺すのを楽しむものは、自分の志を天下に果たすことなどできない。

……（戦争は）人を多く殺すのだから、哀しみの姿勢でこれにのぞみ、戦いに勝っても、葬礼の決まりに従う（第三十一章）

ここで『老子』の説く「慈」に従って戦う方法には、およそ次の三つのポイントがあります。

❶**武力はやむなく用いる（已《や》むを得ずして之を用う）**
❷**勝ってもよいことだとしない（勝つも美とせず）**
❸**犠牲を哀しむ姿勢を持つ（悲哀を以て之に泣《のぞ》む）**

ここで押さえておかなければならないのは、2章でも触れたように、これが謀略の一環であることです。

そのことは、冒頭に「いったい、武器とは不吉な道具であり、誰もがつねに〝嫌う〟ものだ。だからこそ、有道者は、それを使う立場には立たないのだ（夫れ兵は不祥の器なり。物或《つね》に之を悪む、故に有道者は処《お》らず）」とあることからも分かるでしょう。

要は、誰もが嫌う戦いにおいて、いかに嫌われないように戦うかという謀略なのです。

したがって、ここで見た「慈」に従って戦うための三つのポイントも、実際にそうであること以上に、周囲にそう見せることに力点があると考えるべきでしょう。もっと身もふたもない言い方をすれば、そうしたポーズをとって戦うことが大事なのです。

5-7 「奇」の謀略術3 ――実力行使は最小限に

次に「三宝」の第二である「倹」について見ていきましょう。『老子』は第六十七章において、次のように言います。

> 「倹」であるからこそ拡大していくことができる（倹なり、故に能く広し）（第六十七章）

ここでいう「倹」とは、なるだけ武力を使わないことを指します（この解釈の仕方は『韓非子』解老篇を参考にしました）。では、『老子』は、なぜ武力を使わないことが勢力の拡大につながると考えるのか？

戦力の使用には「嗇」であれ

その鍵となるのが、第五十九章です。

> 人を治め、天に仕えるには、「嗇《しょく》」にまさるものはない。「嗇」であありさえすれば、これによって人民は早く従う。人民を早く従えていくことを、「くりかえし『徳』を積む」という。くりかえし「徳」を積んでいけば、勝たないということがない。勝たないということがなければ、その拡大の限界を知ることがない。その拡大の限界を知ることがなければ、手にした領土を保つことができる。
>
> 国の領土を保つ母（「嗇」のこと）によって、国は長く続くだろう。これを根をしっかりと深くおろし、長く生きる道と言うのだ（第五十九章）

この場合の「嗇」は、「倹」と同じ意味で武力をなるだけ使わないこと（ケチのことを吝嗇《りんしょく》と言いますが、その嗇です）。そうすることで、「人民は早く従う（早く服す）」、つまり勢力を素早く拡大することができると『老子』は言うわけです。

逆に考えれば、より分かりやすいでしょう。

これはすなわち、武力を大量に動員しての力押しでは、いつまでたっても本当の意味で相手を従わせることはできない、という意味なのです。

なぜか？

他人を従える（服させる）には、力で征服するだけでは不十分だからです。「服」の本質はそこにはない。最も大事なのは、相手を内面的に心服させることなのです。

そこを度外視して、力だけで征服しても、怨みや憎しみのマイナス感情が芽として残り、いつ反乱という形をとるか分からない。これでは、いつまで経っても相手を真の意味で従わせることなどできないのです。

だからこそ、速やかに他人を従えたいのならば、力ではなく相手を内面的に心服させ、自分からすすんで支配下に入ってくるような状態を作ること。

これが『嗇』でありさえすれば、これによって人民は早く従う（夫れ唯だ嗇なり、是を以て早く服す）」ということの意味なのです。

あくまで、『老子』において武力は使用を最小限にすべき「不祥の器」です。何度も繰り返しますが、それは武力が倫理道徳的に悪いものだからではありません。武力に頼っていては、せっかく領土を手に入れても反乱がおき、結果として勢力の拡大が遅れるからなのです。

「剛強」状態に追い込み、「不言」で心服させる

では、武力の使用を最小限にして敵を心服させていくには何をすればいいのか？
それは、今まで見てきた『老子』の教えから見れば、明らかです。次の二つによって、敵を倒し従わせていくのが『老子』の戦い方なのです。

❶敵を「剛強」状態に追い込む
❷「不言」によって心服させる

これを国家間の戦いでイメージするならば、まずは、先ほどの『戦国策』の例のように、敵国をおごり高ぶった「剛強」の強者の立場に追い込むことで、周辺国のマイナス感情が敵国に向く構図を作ること。

そして、「正」の段階で積み重ねておいた「信」、すなわち信頼感・信望による「不言」の力によって、敵国を心服させること。つまり、敵国の人民がすすんでこちらの国の味方になり、こちらの国に統治されることを望む、そのような形に持っていく。

このようにいわば内外から敵を瓦解《がかい》させておけば、誰も敵国のために戦う者はいな

くなり、直接的な武力の使用は最小限で済むわけです。

ちなみに、その際の武力の行使が「慈」に従って行われなくてはいけないのは、言うまでもありません。

5-8

「奇」の謀略術4──後手を取る

敵を倒すための「三宝」の最後の一つが「後」です。
第六十七章には次のようにあります。

「ことさらに天下の争いの先頭に立たない」からこそ、軍を率いることができる
（敢えて天下の先と為らず、故に能く器の長と成る）（第六十七章）

この教えは、続く文章で「後」の一字にまとめられ、

「後」を捨てて天下の争いの先頭に立とうとすれば死ぬだろう（後を舎《す》てて且《まさ》に先ならんとせば、死せん）（第六十七章）

と語られます。では「後」とは何か？

「後」という考え方

結論から書けば、「後」とは、後手を取って人より後に動くことを言います。

この「後」という考え方もまた、先に見た「之を奪わんと将欲《ほっ》せば、必ず固《しばら》く之を与えよ」という教えと同様、『戦国策』の中で当時の謀略家がその効用を語っています。『老子』理解の補助線として見ておきましょう。

これは、蘇子（蘇秦とする本もある）という策士が斉国の王に向かって、戦の起こし方を説いた章です。

「蘇子が斉の閔《びん》王に説いて言うには、私の聞くところ、『兵力を使って天下の争いの先頭に立ちたがる者には心配が絶えず、他国と結んで敵国を打ち怨みを買いたがる者は孤立する』と言います。

そもそも〝後〟から参戦する者は外の力を利用し、怨みから遠ざかる者は時機に応じるものなのです。だからこそ、聖人は事を成し遂げる際には、必ず外の力を利用し、つとめて時機に応じるのです」――『戦国策』斉巻第四ここでは、なぜ戦いにおいて、争いの先頭に立つことを避け、「後」から参戦しなければならないのか、その理由が説かれています。

すなわち、戦いにおいて最も大事なことは「必ず外の力を利用し、つとめて時機に応じる（必ず権に藉《よ》り、務めて時に興る）」ことだから、なのです。

世の中の争いに率先して参戦する人間は、敵や周囲の出方を様子見することができない。したがって、他の人間、勢力を利用することも、打って出るチャンスをうかがうこともできない。

要は争いに率先して参加する行為には、大きな不確実性があるのです。これは、敵と戦うにあたって最大のリスクとなる。そう蘇子は説き、そして、現実を徹底的に見ることを重視する『老子』もまた説くわけです。

ちなみに、この蘇子の同じ話の中には、当時の強国・中山国が滅んだ理由について「戦って攻めることに『嗇』でなかったゆえの禍いである（戦攻に嗇ならざりしの患い也）」という「倹」の教えも登場し、『老子』の名前こそ出ないものの、「三宝」の教えの気配を感じさせるのが興味深いところです。

敵は強いものと考える

ここまで見てきたような争いの先頭に立たないというのは、どちらかと言えば全体的な状況の中の戦略レベルでの「後」の話でした。『老子』では、より具体的に個別の戦術としての「後」についても説かれます。

兵法では次のように言う。「自分からことさら主体的に動かず受け身となれ。ことさら一寸進むより一尺退け」と。

これを「（相手から見れば）行こうにも道がなく、挙げようにも腕がなく、手に取ろうにも武器がなく、引っ張り込もうにも敵がいない」と言うのだ（兵を用うるに言あり。吾れ敢えて主と為らずして客と為り、敢えて寸を進まずして尺を退く、と。是れを、行くに行《みち》無く、攘《あ》ぐるに臂《うで》無く、執るに兵無く、扔《ひ》くに兵無し、と）（第六十九章―①）

要は、これもまた後手を取れということです。

敵が進んで来たら、まずは退くのが基本である。交戦せずいったん退いていなすことで時間ができ、敵にもう一手打たせることで次の狙いや動きも見えてくるからです。『老子』が最も警戒するのは、敵の実力を甘く見てむやみに攻め込んで返り討ちに遭うという事態です。すなわち、敵は強いものと考える。敵は強いものとして扱う。これが『老子』の戦いにあたっての基本的な発想なのです。

それが分かるのが、先ほどに続く箇所です。

> 禍いは敵を軽んずるよりも大きなものはなく、敵を軽んずればほとんど味方側の「三宝」は失われるだろう。
>
> そこで、兵を挙げて互角の状態であるときは、哀しむ者が勝つのだ（禍は敵を軽んずるより大なるは莫く、敵を軽んぜば幾《ほとん》ど吾が宝を喪わん。故に兵を抗《あ》げて相い加《し》かば、哀しむ者勝つ）（第六十九章—②）

むやみに先手を打って敵を倒そうと考える人間は、どこかで敵を軽んじている。敵を軽んじることを『老子』は最も大きな禍いとし、それをした瞬間に「三宝」は失われ、勝利は覚束ないものになると考える。すなわち、敵を軽んじるからこそ平気で残酷な戦い方をして「慈」を失い、敵を軽んじるからこそ武力で敵を圧倒しようとして「倹」を失い、敵を軽んじるからこそ無造作に攻め込んで「後」を失う。こうなっては、仮に力が互角でも勝つことはできない。戦いはつねに敵の強さを嘆き悲しむほどの者が勝つ。

だからこそ、戦いにおいては後手を取り、慎重に敵について推し量れ。

それがここで『老子』の説く教えなのです。

計画という「前識」

ここでの『老子』の「後」という教えは、実は現代においてこそ革新的であり、アンチテーゼとなりうるものです。

何に対するアンチテーゼなのか？

我々がとかく重視する「計画」という考え方へのアンチテーゼです。

我々は物事を進めるにあたって、「まず計画を立てる」という習慣に染まり切っています。例えば、ビジネスなどの世界には誰もが聞いたことがあるであろうPDCAという考え方があります。

PDCAとは「１Plan（計画）→２Do（実行）→３Check（評価）→４Act（改善）」という四つのステップで物事を進めていくというもの。１まず計画を立て、２それを実行し、３結果を評価し、４計画を改善していくわけです。

現代の我々の目から見て、どこにも悪いところのなさそうな考え方ですが、実はこうした物事の進め方には重大な欠陥があります。

それがつねにプロセスの中心に「計画」があるということです。この四つのステップは、言い方を変えればすなわち、〝計画を〟立案し、〝計画を〟実行し、〝計画を〟評価し、〝計画を〟改善するということなのです。

するとどうなるか？

計画にないことに対応できなくなるのです。

想定していない出来事が起きたときに、「どう計画を維持するのか？」「計画上、どう対処するのか？」とばかり考えることになる。要は仮に正解が分かっていても自由に対応できなくなるのです。

『老子』『孫子』『鬼谷子』、そして「OODA」

だからこそ、『老子』はそもそも「計画」などというものを行動の出発点に置かない。4章でも触れたように、『老子』から見れば、計画とは人の行動を誤らせる有害な「前識」なのです。では、『老子』は行動の出発点に何を置くのか？

現実を見ること、です。

戦いにおいてもまずは「後」を取り、敵の動きを見る。そして、対処する。敵がどんな動きをしようと関係がない。そもそも想定外という発想もない。敵が予想通りに動こうが、動くまいが、それを見て変化し対処するだけ。これが『老子』の物事の進め方であり、戦い方なのです。

この発想は、兵法書『孫子』が説く、敵軍に応じて自軍を無限に変化させよという「無形」の教え、弁論謀略の書『鬼谷子《きこくし》』の説く、状況の変化を観察してなすべきことを決定せよという「変は事を生ず」の教えなどとも共通するものであり（この二つの古典はいずれも『老子』の影響下にあります）、「計画」を中心に置く現代的な物事の進め方に対して、「現実」を中心に置くもう一つのアプローチを提示するものとなっています。

ちなみに、近年、PDCAに代わって、OODAという考え方が出てきているそうです。これは「1Observe（状況の観察）→2Orient（状況の判断）→3Decide（意思決定）→4Act（行動）」の四つのステップからなり、まずは1状況を観察し、2観察結果を正しく判断し、3判断結果によって対処を決定し、4実際に行動するというもの。そして、行動の結果変化した状況を1に戻って再び観察する。

これはまさしく『老子』的な、そして『孫子』的、『鬼谷子』的な思考法だと言え、こうしたものが現代において注目され始めたのは、非常に興味深い動きです。

◎「奇」の段階では、打って出て敵を倒す

◎ 行動の基本原則

……余りある強者を弱らせて、
弱者である自分がのし上がる

⬇

「強者vs弱者」という構図で周囲を
味方につける

◎「三宝」——戦いで重要な三つの教え

1.「慈」…… 慈しみや思いやりを見せながら戦う

2.「倹」…… 実力行使は最小限にし、
「不言」などを用いる

3.「後」…… 戦いでは必ず後手を取り、
相手に応じて変化する

第6章

「隠君子」という生き方

なぜ真の成功者は隠れているのか

6-1 天下の治め方――「小鮮を烹る政治」

「奇」の段階で競争世界で勝ち抜き、成果を手にしたとしても、問題はその成果をどう扱うかです。

戦国の世を統一して大国を手に入れたとしても、あるいは高い地位や強い権力を手に入れたとしても、はたまた今で言えば起業して会社を大きくしたとしても、本当に難しいのはそこでどう振る舞っていくのか、そこからどう生きていくのかなのです。

それを説くのが、『老子』における「無事」の段階の教え。これは今までの「正」と「奇」の段階を踏まえた上での、成功のための仕上げの段階です。

「無事」における「反」の法則とは?

3章で見たように「無事」の段階とは、らせん状に上昇して戻ってきた「正」の段

「無事」の段階で何をすべきか

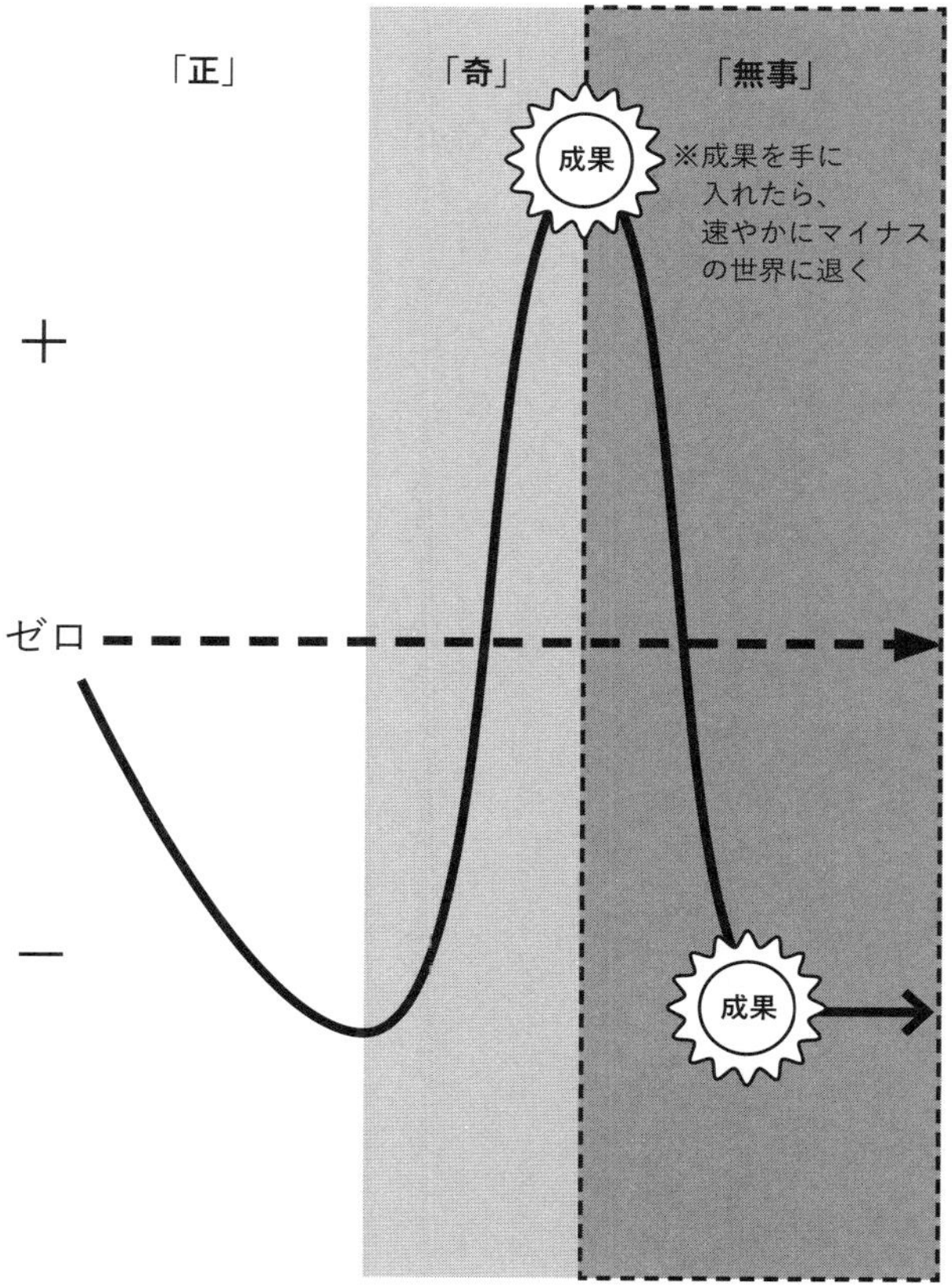

階です。

したがって、この段階で従うべき「反」の法則も「正」の段階と同じ、

余りある自分を減らして、足りない周囲に補う

ただし、「無事」の段階においては、「奇」の段階で勝利した結果として、その成果を手にしています。つまり、財力か権力か、とにかく何らかのものを手にしている。王であれば大国となっており、起業家でたとえれば会社が大きくなっていて、組織の一員であれば発言権や立場が強くなっているわけです。

つまり、その分だけ、周囲の人々に与えることができるものも多い。より多くの人々の多様な不足（「腹」）を補い、養うことができる。そこが「正」の段階との違いです。

一方で、「無事」の段階においては、手にしているパワーが多い分だけ、一層慎重な姿勢が求められる。そのことを説いたのが、次に見る、これも有名な「大国を治むるは、小鮮を烹《に》るが若し」という教えです。

大国を治むるは、小鮮を烹るが若し

『老子』は、敵を倒して大国（天下）を手に入れたあとの国の治め方について次のように説きます。

> 大国を治めるのは、小魚を煮るようなものだ。「道」によって天下に君臨すれば、鬼神も力を発揮しない。鬼神が力を発揮しないというよりは、その力が人民（の心）を害さないようになる。その力が人民を害さないだけでなく、聖人もまた人民（の身）を害さずにすむ。そもそも、鬼神も聖人もお互いに人民を害さないから、両者のよい作用がともに人民に集まる（第六十章）

ここでの『老子』の説明は、やや呪術的になります。文中の「鬼神（鬼）」とは一種の精霊を指す言葉で、ここでは、人々の心をそそのかし、統治者へのマイナス感情を引き起こす「道」のベクトルをそうした神秘的存在として表現しているのです（ここでの「鬼神」を人の心を乱す存在とする解釈は、

『韓非子』解老篇を参考にしています）。

当たり前ですが、大国には小国以上に数多くの人民がいます。その分、潜在的にある感情のエネルギーも巨大。いったんそれが「鬼神」にそそのかされて統治者に牙を向けば、小国を治めていたとき以上の威力をもって襲ってくることになるのです。

だからこそ、「大国を治めるのは、小魚を煮るようなものだ（大国を治むるは、小鮮を烹るが若し）」という心構えが必要となる。すなわち、小魚を煮るときに身を崩さないよう慎重に扱うのと同様、手に入れた大国を治める場合もせっかくの成功を台無しにしない慎重な統治を第一の旨とする。

そうすれば、「鬼神」も人民をそそのかさず、統治者に対してマイナス感情を抱かなくなるし、統治者も、人民を押さえつける必要がなくなる。

その結果、人民は心身ともに安全かつ平和な「知足」の状況に保たれることになるわけです。

それが最後の「鬼神も聖人もお互いに人民を害さないから、両者のよい作用がともに人民に集まる（両《ふた》つながら相傷なわず、故に徳交《こも》ごも焉《これ》に帰す）」という文の意味です。

では、ここで言う成功を台無しにしない「小魚を煮るような」統治とは、具体的にどのようなものか？

成功を仕上げるための「小鮮を烹る」統治

そこを説いたのが、第二十九章と第六十四章です。

天下とは神器（神聖な物体）であり、それに向かってことさらなことをしてはならない。ことさらなことをする者はこれを台無しにし、握っていようとする者はこれを失う（第二十九章）

ことさらなことをする者はこれを台無しにし、握っていようとする者はこれを失う。

こういうわけで、聖人はことさらなことをしないから台無しにすることがなく、握っていようとしないから失うことがない。

世の中の人々が物事を成そうとすると、決まって成し遂げそうになったところで台無しになる。終わりを始まりと同じように慎重にすれば、物事が台無しになることはないのだ（第六十四章）

ここでのポイントは、両者で共通して説かれる、

「ことさらなことをする者はこれを台無しにし、握っていようとする者はこれを失う（為す者は之を敗《やぶ》り、執る者は之を失う）」

これこそ神器たる天下を本当の意味で「取る」ための、そして成功を仕上げるための原則です。これを前後で分け、より具体的に言い換えれば次のようになるでしょう。

❶それ以上、ことさらなことをしない

❷手に入れたものをいつまでも握っていようとしない

この二つの教えを実行したときに、真の意味での成功は手に入るのです。

成功から脱出せよ

まず「無事」の段階ですべきことの第一である「それ以上、ことさらなことをしない」について。

戦いに勝利して、成果(権力、財力、名誉、立場)を手に入れた場合に最も陥りやすい罠とは何か?

それが「もっと」と思ってしまうことです。より権力を、財力を、名誉を、立場を手に入れようと成果を深追いしてしまう。成果はもう充分で、手に入れたものをメンテナンスすればそれで済む時期に入っても、なお攻めの姿勢を取ってしまう。ここで、多くの成功者は足元をすくわれる。

当たり前ですが、競争をやめなければ、いつまでも競争の世界に止まることになる。しかし、ここまで見てきたように、競争の世界とはプラスの世界であり「死地」なのです。

だからこそ、いったん敵に勝利し、成果を手に入れたら、それ以上、ことさらなことはしない。「無為」と「不言」で周囲を治める段階に戻るべきなのです。

そして、第二である「成果をいつまでも握っていようとしない」という教えについて。

これは、「奇」の段階で手に入れた「天下」を握って離さない姿勢を戒めるもので、より端的に言えば、成功者の地位にしがみつくな、ということです。

人間はいったん競争の中で勝利を手にし成果を手にすると、いつまでも成功者の地位に止まり、周囲から成功者だと思われ、成功者として振る舞いたいと思うようになります。

しかし、これもまた『老子』から見れば、危険なマイナス感情の渦巻く「死地」に少しでも長く止まりたいという狂った欲求であり、この狂った欲求こそが競争で勝ち抜いた人間を亡ぼす原因となるのです。

だからこそ、競争に勝利したら一刻も早く勝者・成功者・統治者の立場を去り、安全なマイナス世界に帰還すること。そうなってはじめて、本当の意味で成功を手にしたことになる、天下を取ったことになるというのが『老子』の教えなのです。

「持盈の戒め」

『老子』は次のように説きます。

> 満ち足りた状態を維持しようとするのは、やめたほうがよい。刃物を鍛えて鋭くすれば、その切れ味は長く保てないものだ。
> 金銀財宝で部屋を満たせば、これを守り続けることなどできない。富貴になっておごり高ぶっていれば、自ら災いを招くことになる。
> 成功して身を退けるのが、天の「道」に適った行いだ（第九章）

この第九章の教えは「持盈《じえい》の戒め」の名で知られ、とくに最後の一文、

「成功して身を退けるのが、天の「道」に適った行いだ（功遂げて身退くは、天の道なり）」

は、よく知られています。

この「持盈の戒め」は言うなれば、「無事」の段階における「知足」です。すなわち、成功した段階で、自分の置かれた状況を冷静に観察し、「これ以上欲しがっては危険だ」というラインを引いて退くのです。

これは、世の権力者・成功者が晩年にやりがちな、裏に回って「院政を敷く」などというメンタリティとはまったく違うもの。黒幕として糸を引くようでは、いまだプラス世界を去ることができていない。それでは、表舞台に引きずり出され亡びるリスクが残ったままになりますし、そのことを絶えず気にかけながら生きることになる。

そうした憂いから解放されるためにも、為すべきことを成し遂げたあとには、一刻も早く名実ともに地位を去る。競争から降り、表舞台から消え、後進に道を譲り、周囲から忘れ去られるべきなのです。

そうなってはじめて安全なマイナス世界に帰還したことになり、成功を手中に収めたことになる。それこそが『老子』謀略術における「成功」の姿なのです。

「道」と聖人

『老子』はそうした成功のイメージを「道」の在り方と重ね合わせる形で次のように説きます。


「道」はあふれ出た水のように、左にも右にも思うままに広がっていく。

万物はこれを頼りに生じるが、「道」はそれについて何も言葉にはしない。成功してそれを自分のものだとすることもないし、万物をはぐくみ養っておいて、その主人ともならない。

(そうした在り方は) 無欲に徹する点で「小」と呼ぶこともできるし、万物がこれに帰属しながら、なお主人とならない点では「大」と呼ぶこともできる。

こういうわけで、聖人が「大」となりうるのは、決して自らを「大」としないからこそ、「大」となりうるということなのだ (第三十四章)

「大」とは前章で述べたように、「道」に代わって万物を司る存在のこと。

最後の一文に「聖人が『大』となりうるのは、決して自らを『大』としないからこそ、『大』となりうるということなのだ（聖人の能く大を成すや、其の終に自ら大と為さざるを以て、故に能く其の大を成す）」とあります。

すなわち、聖人がそのような偉大な存在となりうるのは、「道」の在り方と同様に、様々なことを成し遂げながら決して成功者として名乗り出ず、万物を司りながら主人として君臨することがないからなのです。

真の偉大さは、自らを偉大とせず、また周囲に偉大と見せない姿勢に宿るのです。

その意味で、『老子』に言わせれば、誰もが認める偉人は偉人ではない。

真の偉人とは、物事を成し遂げながら、世間に埋没し、時間の流れとともに忘れ去られた誰かを指すのです。

すなわち、真の偉人とは隠れる者である。

ここで、とうとう『老子』における最後のキーワードに触れることにしましょう。

「隠れる（隠）」ということについて。

◎「無事」の段階では、成功を仕上げる

◎行動の基本原則

……手にした成果を周囲に還元する

◎「小鮮を烹《に》る」姿勢で成果を慎重に扱う

1. それ以上、ことさらなことをしない

2. 成果をいつまでも握っていようとしない

◎「持盈《じえい》の戒め」を守り、成功から脱出する

6-2 道は隠れて名無し――人に知られないという生き方

『史記』において、老子の伝記を著す中で司馬遷はこう書いています。

「老子は『隠君子』である」

「その学説は己を隠し、無名でいることを務めとする」

「隠君子」とは、身を隠して生きる賢人のこと。要は司馬遷は老子の生き様と教えの根本を「隠れる」という点に認めたわけです。この見解は、本書も大いに賛成するところであり、『老子』という一書を見たとき、その根底につねに「隠れる」ということがあるのは疑いようのないところです。

『老子』本文には次のような言葉があります。

道は隠れて名無し（第四十一章）

すなわち、『老子』謀略術とは、いわば身を隠す隠者としていかに生きるかの術なのです。

ただし、ここで言う隠者とは、人里離れた山奥でひっそり暮らすような隠者ではない。人の行きかう市中に住みながら隠れる隠者のことなのです。

どういうことか？

「大隠は朝市に隠る」

のちの中国で隠者についての理論が発達した際、ある詩の中に次のような言葉が詠まれました。

「小隠は陵藪《りょうそう》に隠れ
大隠は朝市に隠る」――「反招隠詩《はんしょういんし》」王康琚《おうこうきょ》

小物の隠者は山林に身を隠すが、むしろ本物の隠者は朝廷や市場といった人の行きかう場所、すなわち実社会に身を置きながら、隠れて生きるということです。

その理論から見れば、『老子』の言う「聖人」とは、まさに実社会の真っただ中で隠れる「大隠」なのです。

そもそもの話をすれば、山林に身を隠して引きこもり、自分一人を清くして暮らすことなど誰もができることではない。というより、ほとんどの人間は、そうしたくても現実の生活を放棄することなど許されないのです。

『老子』が、第一に謀略術の念頭に置いた「王」などは、その最たる立場でしょう。ならば、実社会に身を置き人と関わりながら隠れる。これが『老子』の発想なのです。では、どこに隠れるか?

ここまでくれば言うまでもないでしょう。不争のマイナス世界です。この、現実の真っただ中に存在しながら周囲からのマイナス感情を浴びない安全領域。ここに隠れるのです。

二つの問題

ただし、マイナス世界に隠れると言っても、現実問題として人と関わる実社会に身を置いていれば、山里に隠れるのとは違う特有の問題が出てきます。それが、すなわち次の二つです。

❶過剰な欲求
❷為すべきこと

まず1の「過剰な欲求」について。

人の行きかう場所に身を置けば、必ず欲求や野心を刺激するものに触れることになります。きらびやかな品物や他人の恵まれた境遇。こうしたものを目にするうち、どうしたって生身の人間である我々は、本来必要のないものが欲しくなり、本来必要のない権力を手に入れたくなるものなのです。

そして、2の「為すべきこと」について。

実社会に生きる以上、つねに目の前には克服すべき実生活上の課題が出てくる。最低限は金を稼がねばならず、他人を説得しなければならず、勢力を拡大しなければならず、試験に合格しなければならず、出世しなければならず、敵を倒さなければならない。すなわち、大なり小なり、「為すべきこと」が出てくる。俗流『老子』のように「流れに身を任せよ」「あるがままでよい」などとは言ってられないわけです。

だからこそ、『老子』は、市中で隠れるにあたって、この二つを克服するための理論と技術を説いた。それが『老子』の謀略術であり、「過剰な欲求」については、例えば「知足」の教えを説き、「為すべきこと」については、例えば「正」「奇」「無事」の「成功」のための三段階の教えを説いたわけです。

すべては、市中に隠れる聖人として生きるために。

何から隠れるべきか

もう一段掘り下げます。

『老子』の言う聖人とは、マイナス世界に隠れる存在でした。では、それは〝何から〟隠れるのでしょうか？

結論から書きましょう。

それは周囲の「視線」からです。

これこそ、『老子』がマイナス世界という安全領域で生きるために、徹底して避けようとしたものなのです。不特定多数に見られること、注目されること、認識されることは、それだけで不吉なことである。これが『老子』の発想なのです。

だからこそ、『老子』は次のように言います。

すぐれた行き方をする者は、車や馬の跡を残さない（善行に轍迹《てっせき》なし）（第二十七章）

すなわち、マイナス世界に静かに潜み、誰もが気づかない形で「為すべきこと」を成し遂げては、行いの痕跡を消しながら生きていく。

一言で言えば、『老子』の目指す究極の境地は、周囲の視線から隠れ、「見えない生き方」をすることなのです。ある種の生物が保護色で身を隠すように、あるいはレーダーに映らないステルス兵器のように、社会に紛れ、大衆に紛れ、注目とは無縁の人間として生きる。これがマイナス世界に隠れるということの具体的な姿なのです。

「和光同塵」の教え

こうした聖人のありさまを詳しく説いているのが、第五十六章です。

「道」について知る者は言わず、言う者は知らないのだ。（聖人は）目や耳を塞ぎ、口を閉ざす。自らの鋭さを削り、他人とのもつれを解き、放つ光を和らげて、世の中の塵と同化する。これを「玄同」と言う。

だから、世の中の人々は彼に親しむこともできず、また疎んずることもできない。利益を与えることもできず、また害することもできない。貴ぶこともできず、賤しむこともできない。だから、天下の貴きものとなるのだ（第五十六章）

ここで最も重要なのが、「自らの鋭さを削り、他人とのもつれを解き、放つ光を和らげて、世の中の塵と同化する。これを『玄同』と言う（其の鋭を挫き、其の分を解き、其の光を和らげ、其の塵に同ず。是れを玄同と謂う）」という箇所です。

『老子』が「見えない生き方」を実現するために説くのが、周囲への同化です。要は、他人とは争わず、自分の持つ能力・技術・才覚など他人に光輝いて見える恐れがあるものは見せないようにし、まったくの凡人として振る舞うこと。これこそが「見えない生き方」であり、これを『老子』は「玄同」と表現します。

「玄」とは、暗いこと、うかがい知れないことを言う言葉で、「玄同」とは自分の光をゼロにして周囲に同化することで、他人が認識しない・できない存在となることを言います。

王允の「和光同塵」

この教えは、世間に溶け込んで生きることの大切さを説くものとして、「和光同塵」というキーワードとともに後世の知識人などに多大な影響を与えました。

一例を挙げましょう。

いわゆる「三国志」の時代の始まりにおいて、黄巾の乱の鎮圧、当時の朝廷を牛耳った宦官《かんがん》を抑えるのに功績のあった王允《おういん》という人物がいます。彼が漢王朝乗っ取りをたくらむ董卓《とうたく》に領地を賜ることになったのを、節義を重んじて固辞しようとした際に、友人が次のようにいさめたことが知られています。

「独り高節を崇《たか》しとするは、豈に〝和光〟の道ならんや」――『後漢書』王允伝

「自分一人かたくなに節義を重んじることが、どうして和光同塵の道だろうか」という意味です。つまり、ここで目立って董卓ににらまれて殺されるよりも、世間と同じく膝を屈することで董卓とその取り巻きに目をつけられることを避け、すなわち視線を避け、時機を待つのが「和光同塵」の教えにかなう戦略だろうということです。

ちなみに、王允はこの友人のアドバイスに従い、領地を受け取り、その後、董卓暗殺に成功し権力を握りますが、すぐに董卓のかつての部下たちに殺されます。『老子』流に言えば、「奇」の段階に打って出て成功を手にするも、「無事」の段階で退くことに失敗したのです。

注目されることと成功すること

この「和光同塵」の教えは、現代においてますます重要です。

なぜなら、他人の視線を集めることがよいことだとする価値観は、『老子』の当時以上に、ますます支配的になっているからです。今では「成功」という言葉は、限りなく「不特定多数の人間から注目され、認められること」という意味になっている。

しかし、こうした成功と注目を結び付ける考え方は、本来は、注目を浴びることが直接利益につながる一部の人間のものであり、『老子』の当時で言えば、主には武勇伝が知られることが出世につながる武人の、あるいは自分の学説・思想が評判を呼ぶことが仕官につながる知識人の発想なのです。

しかし、その他多くの普通の人々にはそんな成功モデルは当てはまらない。わざわざ不特定多数の人々に注目される必要などないのです。

職人ならば目の前の品物がうまく仕上がればよく、農民ならば目の前の作物がたくさんできればよい。あとは目の前の得意客の信頼を裏切らなければそれでよいはずなのです。

すなわち、大切なのはまず第一に「目の前の現実」「自分の現実」なのであり、会ったこともない不特定多数に向けて名をとどろかせ、周囲から注目される必要はない。

これは今だって、事情は変わらないでしょう。

最近では、SNSへの投稿で話題になることが無邪気に成功体験のように語られますが、先ほども述べたように、それが成功だと言えるのは、そうした注目が利益につながる類の人間だけ。そこをはき違えて注目されることを成功だと考えるというのは、『老子』に言わせれば危険なプラス世界にわざわざ身をさらす二流の発想なのです。

むしろ、『老子』は次のように言うのです。

> 私を知っている者がまれだからこそ、私は貴い（我れを知る者は希なれば、則ち我れは貴し）（第七十章）

知られていない、理解されない、認められないからこそ貴い。

なぜか？

神秘的レベルの話で言えば、真理はつねに少数の者だけが悟るものであり、理解されないことこそ自分の手元に真理がある証しであるから。謀略術のレベルで言えば、人の視線を集めず知られない者こそが、この現実で最後まで生き残る勝者だからです。

並行世界

『老子』は、周囲の人々がプラスの世界の「死地」を生きる中で、周囲の視線を避けながら一人マイナスの世界を生きる聖人の姿を次のように描きます。

> 誰もがうきうきとして、まるで御馳走のもてなしを受けて、春の日に高台に登るかのようにしている。私だけがひっそりとして、なんのそぶりも見せない。まだ笑うこともできない赤子のようでもあり、くたびれて帰るところがない者のようでもある。
> 誰もがみな余りあるかのように振る舞い、私だけが乏しいかのようにしている。私の心の愚か者のようであることよ、まるでにぶくてはっきりしない。
> 俗世の人々はきらきら輝き、私だけが暗く濁っているかのようだ。俗世の人の

振る舞いは細かくはっきりとしているが、私だけはぼんやりとおおまかだ。

静かなことよ、海のようだ。強い風の吹くことよ、止まることのないかのようだ。

誰もがみな便利な道具を持ち、私一人かたくなに田舎者のように暮らす。私だけは人と違って人を養う乳母である「道」のほうを貴んでいるのだ（第二十章）

6-3 欲と無欲と

ことあるごとに触れてきたように、『老子』の教えの根幹には「道」という現実を司る何かへの瞑想的直感があります。

そして、その直感から導き出された世界観・法則を源として生き残るための、そして物事を成し遂げるための方法論を具体的に展開したものが、本書で紹介してきた謀略の技法でした。

『老子』の根幹は神秘思想である

つまり、本当を言えば、本書で紹介してきた謀略術が有効であるのは、仮にその内容がいくら合理的に見えたとしても（そして、実際合理的なのですが）、究極的には理屈や妥当性の問題ではなく、「道」という神秘が存在するが故なのです。

したがって、ここに至ってついに書けば、『老子』の教えは、

「道」というものが存在する。故にここに書かれている技術は有効である

という「道」への信仰を中心に据えた神秘的謀略思想なのです。

では、『老子』謀略術の根底にある「道」を感じる神秘的な直観と、そこから展開した謀略を遂行するための現実的なマインドは、謀略の隠者たる「聖人」の中でどのように共存するのか?

本書の最後に、そうした聖人の心のありさまを考えてみましょう。はっきり言って抽象的で難解ですが、かまわず扱います。これこそが、本書で見てきたすべての教えの震源だからです。

有欲と無欲を兼ね備えよ

『老子』の教えを完璧に身につけ、「道」と一体になった聖人の心のありさまが説かれているのが、有名な『老子』の第一章。これは、次のような前半部で始まります。

ここでは、まず「道」を認識する方法として、神秘的に直感するパターンと、現実

として具体的にとらえるパターンという二通りが説かれています。


道であって、これが道だと言えるようなものは、本当の道ではない。名前であって、これが名前だと言えるようなものは、本当の名前ではない。

それを名前で呼ばなければ、現実の源として扱うことになり、名前で呼べば、万物を司るものとして扱うことになる（道の道とす可きは、常の道に非ず。名の名とす可きは、常の名に非ず。名無きは天地の始め。名有るは万物の母）（第一章―①）

「名前で呼ぶ（名有り）」とは、人間が言葉（名前）を使って概念的思考をめぐらすことを指します。もっと端的に言えば「考える」こと。一方で「名前で呼ばない（名無し）」とは思考を介さずに直接「感じる」こと。

人間が目の前の現実の中に「道」をとらえるにあたって、「感じる」のと「考える」のとでは見えてくるものが違う、という対比が示されているのです。

そして、目の前の現実を言葉を介さずに感じた場合に見えてくるのは「現実の源（天地の始め）」としての姿。これは、「道」の姿を直接とらえた一種の神秘的なビジョンです。『老子』の中に、こうした神秘的なビジョンについての記述があることについては、2章でも扱いました。

一方で、目の前の現実について言葉を使って考えた場合に見えてくるのは、「道」の「万物を司るもの（万物の母）」としての振る舞い。具体的に言えば、「道」が「反」と「柔弱」に従って司る人間を含めた万物の動き、現実の出来事が見えてくることを言っているわけです。普段我々に見えているのは、当然後者。

しかし、この認識は冒頭で「道であって、これが道だと言えるようなものは、本当の道ではない。名前であって、これが名前だと言えるようなものは、本当の名前ではない」とあるように、当然「道」を直接とらえたものではないわけです。

では、「道」を「考える」のと「感じる」のとは、具体的には何がどう違うのか？

「感情力学」のさらに根底にあるもの

その違いを、『老子』は「道」を見る際の欲求の有無に求めます。第一章の先ほどの続きを見ていきます。

> そして、無欲に徹する視点からは、「道」の「妙」（奥深い姿）を見ることになり、欲に徹する視点からは、「道」の「徼《きょう》」（明らかな姿）を見ることになる（故

②（常に無欲にして以て其の妙を観、常に欲有りて以て其の徼を観る）（第一章――に、

ここで言う「妙」（奥深い姿）とは、先ほど言った感じ取るしかない「道」の姿についての神秘的なビジョンのこと。「徼」（明らかな姿）とは、これも先ほど言った「道」の具体的な振る舞いのこと。

すなわち、「無欲に徹する視点」をとれば、それが「道」の姿への直感となり、「欲に徹する視点」をとれば、「道」の司る現実世界の動きが見えてくる。

では、まず「欲に徹する視点」から見ましょう。

これは、いわば、我々が普段当たり前に世の中を見る際の視点のこと。「生きていたい」「安全に暮らしたい」「成功したい」「食べたい」「お金が欲しい」「物が欲しい」といった人間が自然に持つ欲求を前提に現実を見る視点です。

この視点があるからこそ、社会の仕組みや争いの構図、他人の心理なども分析することができ、また、それを通じて現実における「道」の振る舞いがどのようなものであるかも考えることができる。本書で繰り返し見てきた「反」の法則による感情力学も、それを利用した数々の謀略術も、こうした視点から導き出されたものだったわけです。

これが、すなわち「欲に徹する視点」から「道」の「徼（明らかな姿）」を見るということ。

「無欲に徹する視点」とは？

しかし、そうした「徼」の次元を超えた「道」の本質、「妙」の次元を感じようとするならば、日常的な欲求を離れ、「無欲に徹する視点」を持たなければならない。なぜなら、欲求とは所詮人間が持つものであり、その視点から見える「道」の姿と振る舞い（「徼」）もまた、あくまで人間にとっての表面的な現実に過ぎないからです。だからこそ、『老子』は、次のように言うのです。

> 天下の人々は、みな美しいものを美しいと思っているが、実はそれは醜いものと同じものなのだ。みな善いものを善いと思っているが、実はそれは善くないものと同じものなのだ。
>
> 有ると無いとはお互いがあってこそ生まれ、難しさと易しさとはお互いがあってこそ成り立ち、長さと短さとはお互いがあってこそ形作られ、高さと低さはお互いがあってこそ現れ、音階と旋律はお互いがあってこそ調和し、前と後ろはお

互いがあってこそ並ぶ（第二章）

すなわち、美醜、善不善、有無、難易、長短、高低などといった現実の光景、価値観は、あくまで「欲に徹する視点」から見える「道」の「徼（明らかな姿）」であり、「道」の表面に過ぎない。そこを突き破って、たとえ人間が一人残らず亡び去ろうと存続する永遠なる「道」の姿をつかもうとするならば、人間的な視点、欲求を超えた視点を持たなければならないというわけです。

ここで求められているのは、論理や思考を超えた直感的、瞑想的、神秘的ビジョンです。そして、それをかろうじて言葉にしたものが、2章でも紹介した『老子』の中にある謎めいた記述だったわけです。

ただし、ここで注意が必要なのは、『老子』は決してこうした「無欲に徹する視点」から見える絶対的な「道」の姿（「妙」）が「欲に徹する視点」から見える当たり前の「道」の姿（「徼」）よりも重要であるとは言っていないということです。

むしろ、『老子』には、欲と無欲、「妙」と「徼」を兼ね備え、これを一つのものとして認識していくことで、より深く「道」の姿に接近できるという発想がある。

「玄」という境地

そこで、第一章の最後の箇所を見てみましょう。

> 「妙」と「徼」とは同じところから出て、名前を異にしているだけである。
> これが同じであることを「玄」と言い、「玄」に「玄」を重ねていくことが、あらゆる「妙」に通じる門である（此の両者は同じきより出でて而《しか》も名を異にす。同じきを之を玄と謂う。玄の又玄、衆妙の門なり）（第一章―③）

「無欲」と「有欲」という二つの視点から見えるもの、つまり、「道」の姿の神秘的なビジョンと「道」の司る目の前の現実の光景は、まったく同じものであり、言葉で考えた理屈の上で区別されているに過ぎない。

それが「『妙』と『徼』（奥深いものと明らかなもの）とは同じところから出て、名前を異にしているだけである（此の両者は同じきより出でて而も名を異にす）」という言葉の意味です。

すなわち、どちらが真でどちらが偽、どちらが重要でどちらがそうでないということともなく、一つの「道」の両面に過ぎないわけです。それを一つだと感じ取っていくセンスを『老子』は「玄」と呼びます。「玄」とは、この場合「すべてを飲み込む暗黒」といったニュアンスを表す一字です。

そして、この「玄」にさらに「玄」を重ねていくことこそが、実は『老子』の教えにおける修行なのです。

「玄」に「玄」を重ねる

では、「『玄』に『玄』を重ねる」とは、どういうことか?

本書は、終始一貫して『老子』を具体的に、目に見える形で読み解いてきました。いわば「欲に徹する視点」から「徼」を見てきたわけです。ならば、本書を締めくくるにあたっても、「『玄』に『玄』を重ねる」という修行の在り方について、あくまで具体的に次のようにイメージしたいと思います。

「道」に従って成功への謀略を遂行する中で、「道」の存在を感じ取る。感じ取った「道」の視点から振り返って、成功があくまで人間の欲求から見た表面的な事柄に過ぎないことを知る。そして、そう知ってなお悟りきったようなポーズをとらず、むしろ現実の真っただ中で成功を求め、謀略を遂行する。これを繰り返すことで「道」に接近し、一層深く同一化していく。人知れず。

これこそが、朝市に隠れる「大隠」の生き方であり、『老子』の教えを実践するということなのです。もちろん、「妙」と「徼」の同一化である「玄」をこうした具体的なイメージだけでとらえ実践することには、そもそも矛盾があります。これ自体が「徼」に過ぎないことになるからです。ならば、こうしたイメージの中でさらに「妙」を感じ取ればいい。そこにはきっと、本書の内容を超えたさらに一段高い「玄」があるはず。これこそが「『玄』に『玄』を重ねる」ということなのです。

あとがき

このあとがきを書いている二〇二二年の八月上旬現在、新型コロナウイルスの新規感染者は都内で三万人を超え、ロシアによるウクライナ侵攻は解決の道筋が見えず、今度はアメリカのペロシ下院議長の台湾訪問により台湾周辺の軍事的緊張まで高まり始めました。そうした不安定な情勢を背景に、経済的にも世界規模でインフレが進行し、円の価値が急落したこともあいまって、日本では食料・日用品価格の高騰が毎日のようにニュースになっている。

要は非常時であり、乱世的状況が目の前で展開されているわけです。

こうした時代になると、ますます「個」としての生き方が問題となってきます。いかに自分とその周辺の生活を守るか、いかに社会、時代の同調圧力の中で自分自身の思想と感覚を保つか、自分自身の生きるスジを貫いて物事を成し遂げていくか。そこが問われるわけです。

「個」として生きることの本質は何か？

それは自分一人で現実に向き合うということに他なりません。

組織人としてでも、ある土地の人間としてでもなく、一人の人間として独力で外部世界の動きとその奥にある論理に取り組み、いかに行動すべきかを決定しなければならないのです。

では、そうした葛藤の中で、何か頼りにできるものはあるのか？

もちろん、友人、パートナー、身内などが助けてくれることもあるでしょう。ある場面において、相談に乗り、力を貸してくれることがあるかもしれない。ただ、それは自分という「個」から見れば、あくまでも外からのものであり例外的なものです。つねに頼りにできるわけでもないし、そうすべきでもない。

人間が主体的に生きていくためには、それよりももっと内的で、本質的で、つねに助けになるものが必要になるのです。

それが「教養」なのです。

教養こそ、つねに自分の心に寄り添い、いかに生きるべきか、現実について考えるべきか、その指針を示す頼もしい相棒である。

まえがきで本書について「単に教養を身につけるための古典入門ではない」と書きました。

しかし、実のところ、ここまで読んだみなさんには、もうすでに教養が身についています。本書を通じて、『老子』の内容に触れたこと、それがすでに教養なのです。あなたの心には今、『老子』という古典が教養の砦《とりで》として一つ建設されました。何かに悩んだときには、この確固たる場所に戻って考えることができるのです。

そして、できれば、少しずつでもこの砦をさらに増築し立派なものに仕上げていければもっといい。

本書をきっかけに『老子』を知った方、あるいは久しぶりに触れたという方は、ぜひ他の『老子』注釈書、解説書も読んでみてください（書籍として読めるものは参考文献のページにだいたい載せてあります）。そこには、本書とはまた違った『老子』があるでしょう。

そして、様々な『老子』解釈に触れたあと、再び本書を読み直してみてください。できあがってきた「自分なりの『老子』」から、もう一度本書の謀略術を振り返ってみてください。きっと、さらなる気づきがあるはずです。ぶっちゃけて言えば、そういう書き方がしてあるからです。

では、最後に何よりも書かなくてはいけないことを。

ここまで本書にお付き合いくださった読者のみなさま、ありがとうございました。

さようなら。また別の本で。

猛暑の夏、千葉県某所、古アパートの一室にて

高橋健太郎

文庫版あとがき――『荘子』について

拙著『真説 老子』は、『老子』の内容を丸ごと処世・謀略の術として読み解くという、今ではほとんどタブーとされるような試みに挑んだ本でした。

本文でも触れたように、『老子』については、現状「あるがままでいい」という教えを説く書というイメージが支配的であり、そのスタンスからこの古典に親しんでいる読者も多いのが現状です。そんな中、本書の真っ向からそれに逆らうような内容。反感をもって迎えられるのではないかと、少しびくびくしながら原稿を書いていたのを覚えています。

しかし、実際出版されてみると、案に相違して、読者の皆様からご好評の声をいただき、このたび草思社文庫の一冊に加えていただけることになりました。サイズも価格も手ごろとなり、本書がより多くの方々のお手元に届く機会を得たことは、著者としてとてもうれしく思っています。

このたびの文庫化に当たっては紙幅にやや余裕ができました。そこでボーナストラックとして、本文で書けなかったことをここで補足しておきたいと思います。

それが『荘子』についてです。

本書で見てきた『老子』による「道」の教えを、あるレベル以上に深く味わっていくには、実は『荘子』という古典の存在は避けて通れないのです。

『老子』の「徼」、『荘子』の「妙」

本文では、あえてその角度からは取り上げませんでしたが、本書が終始一貫取り組んできた『老子』は、「道家」のバイブルとして知られています。

道家とは、「道」を原理として現実を解釈する哲学一派であり、中国の歴史において絶対的な主流となった「儒家（儒教）」の最大のライバル思想、そして道教という宗教の源流でもあります。

そして、実はこの道家においては、『老子』の他にもう一つのバイブルがあります。それが『荘子』。この『荘子』と『老子』は一対となって「道」の哲学の基礎を成しています。では、どのような一対なのか？

『老子』と『荘子』の持つ内容の違いについて、日本における代表的な道家研究者である福永光司は、次のように説明します。

「両者の思想としての性格には、必ずしも同じくないものがあり、老子の思想がより多く処世の智恵であるのに対して、荘子の思想はより多く解脱の智恵であったということができよう。老子の思想がより多く現世的な生を問題としているのに対して、荘子の思想は、より多く絶対的な生を問題としているということができよう」

（『荘子 内篇』ちくま学芸文庫・解説）

ここで福永の示した「処世」と「解脱」、「現世的」と「絶対的」の対比を手掛かりに、著者なりに言い換えれば、要は、『老子』は「道」の生み出す現実を説くことに教えの力点があり、『荘子』は「道」そのものを説くことに教えの力点があるということ。また、さらに一歩踏み込んで、6章で取り上げた『老子』の表現に従えば、こうなります。

「道」の哲学において『老子』と『荘子』は、「徼」の教えと「妙」の教えの一対なのです。

『荘子』の「寓言」

しかし、ここで一つ疑問が浮かんできます。

本文で見たように、『老子』は「道」そのものについて、言葉で直接言い表すことは不可能であり「感じる」しかないものだとしていたはずです。

だとすれば、『老子』から見て、言葉で「道」そのものを扱う『荘子』という書物はナンセンスだということになるのでしょうか？　『老子』と『荘子』はお互い矛盾する相容れない二つの作品なのでしょうか？

結論から言えば、そうではありません。『荘子』は、『老子』にはない方法によって、「道」の姿を説く試みを可能にしたからです。

それが「寓言」という手法。

「寓言」とは、いわゆる寓話のこと。「イソップ物語」などで見られるような、たとえ話、短編ストーリーをイメージすればいいでしょう。

『荘子』は、内篇、外篇、雑篇という三つのパートを合わせ六万五千字に渡る古典です。そのほとんどが「寓言」であり、例えば、内篇は、数千里というとてつもない大きさの鳥「鵬」の飛び立つ姿から始まり、「道」の化身である「渾沌」が死ぬ場面で終わります。

要は、『荘子』は、「道」の姿について直接理屈で説明するのではなく、「寓言」として物語ることで「感じ」させようとしたのです。

『荘子』の処世術

ただし、ここで気を付けなければならないのは、『荘子』は神秘的な「妙」の世界〝だけ〟を描いたわけではないということ。

本文でも述べたように、『老子』は、「妙」と「徼」は上下関係の中にあるのではなく、一つの「道」の両面に過ぎないと説きました。これは『荘子』においても同様です。そのことは次の一文を見ても分かります。

「無限の世界から有限の世界があらわれ、有限の世界から無限の世界があらわれる（不際より際に之《ゆ》き、際より不際に之く者なり）」（『荘子』知北遊篇）

ここで言う「無限の世界（「不際」）」とは「道」そのものの世界（「妙」）のこと、「有限の世界（際）」とは目の前の現実世界（「徼」）のこと。つまり、『荘子』もまたこの二つの世界について、一つの「道」の両面であると考えていたのです。

だからこそ、「道」の神秘を説く『荘子』もまた、目の前の現実をいかに生きるのか、について様々な教えを豊富に説きます。

その代表的なものが「因循」です。

これは斉物論篇を中心に説かれる教えですが、端的にまとめれば「目の前の現実に対しては、是非の判断を持たず、全てを是として受け入れよ」というもの。

ここで気が付かれた方もいるかもしれません。

そう。実は「ありのままでいい」という教えは、どちらかと言えば『老子』ではなく『荘子』の説く処世術だったのです（ただし、この「因循」もまた、実際は単なる「流れに身を任せよ」などという話ではなく、『荘子』の教えを実践するための具体的な意味を持ったメンタルセットだったりするのですが、ここでそのことを説明する余裕がないのが残念です）。

「道」は糞尿の中にある

以上、見てきたように、『老子』と『荘子』で教えの重心は変わってくるにせよ、本来の「道」の哲学とは、「道」の神秘と目の前の現実を同時に説くものだったのであり、そう考えたほうが実りが多いというのが、著者の意見です。

荘子は東郭子という人物に「『道』はどこに存在するのか？」と聞かれて、こう答えたそうです。

「屎溺《しにょう》に在り」（『荘子』知北遊篇）

「屎溺」とは「糞尿」のこと。「道」は、最も高尚で程度の高いものだけでなく、最も泥臭く程度の低いものの中にも同様に存在するのであり、それを見失ってはならないということを説いているのです。

そこから言えば、この『真説老子』という本は、今では「高尚な何か」としてばかり読まれている『老子』という書を、「屎溺」として読み替えることで「道」の持つ本来のバランスを取り戻そうとしたものだと言えるかもしれません。

ならば次は『荘子』でしょう。

このあとがきを書いている時点の筆者は、いまその準備をすすめているところです。近いうちに『荘子』についての本でまた皆さんとお会いできるかもしれません。そんなことを楽しみにしつつ、今はこのあたりで筆を置きたいと思います。

二年後の猛暑の夏、千葉県某所、古アパートの一室にて

高橋健太郎

主な参考文献

※直接『老子』に関わるもの

『『老子』その思想を読み尽くす』池田知久著（講談社学術文庫）
『老子』小川環樹訳注（中公文庫）
『老子――無知無欲のすすめ』金谷治編訳（講談社学術文庫）
『『老子』――〈道〉への回帰』神塚淑子著（岩波書店）
『老子入門』楠山春樹著（講談社学術文庫）
『老子の人と思想』楠山春樹著（汲古書院）
『老子訳注　帛書「老子道徳経」』小池一郎著（勉誠出版）
『老子』蜂屋邦夫訳注（岩波文庫）
『老子探究――生きつづける思想』蜂屋邦夫著（岩波書店）
『老子注釈史の研究　桜邑文稿1』堀池信夫著（明治書院）
『人類の知的遺産5　老子・荘子』森三樹三郎著（講談社）
『老子の講義』諸橋轍次著（大修館書店）

『新編諸子集成　老子道德經』（魏）王弼注　樓宇烈校釈（中華書局）
『道教典籍選刊　老子道德經河上公章句』王卡点校（中華書局）
『新編諸子集成　帛書老子校注』高明撰（中華書局）

本文図版＝相原真理子

本書は、二〇二二年に当社より刊行した著作を文庫化したものです。

草思社文庫

真説 老子

世界最古の処世・謀略の書

2024年10月8日　第1刷発行

著　者　高橋健太郎

発行者　碇　高明

発行所　株式会社 草思社

〒160-0022　東京都新宿区新宿 1-10-1
電話　03(4580)7680(編集)
　　　03(4580)7676(営業)
　　　https://www.soshisha.com/

本文組版　横川浩之

本文印刷　株式会社 三陽社

付物印刷　日経印刷 株式会社

製本所　加藤製本 株式会社

本体表紙デザイン　間村俊一

2022, 2024© Kentaro Takahashi

ISBN978-4-7942-2744-7　Printed in Japan

ご意見・ご感想は、
こちらのフォームからお寄せください。
https://bit.ly/sss-kanso

草思社文庫既刊

高橋健太郎

鬼谷子

中国史上最強の策謀術

異端の書として名高い中国古典『鬼谷子』は、孫子に兵法を授けたとされる鬼谷の思想をまとめた書である。時には道徳すら武器として用いて、強者を思いのままに動かす、その恐るべき技術をひもとく。

佚斎樗山　高橋有＝訳

新釈 猫の妙術

武道哲学が教える「人生の達人」への道

江戸中期に書かれた剣術指南書であり、人生の秘密を解き明かす書でもある幻の古典『猫の妙術』。剣聖・山岡鉄舟も愛読した武道哲学書の奥深い教えを、現代風の「新釈＋解説」でわかりやすく紹介する。

市川スガノ

葉隠 超入門

「武士道といふは死ぬことと見付けたり」で名高い『葉隠』は、一度きりの人生をフルに生きるための心構えを説いた情熱の書。三百年前のこの「サムライの教科書」の核心箇所を選び明快に解説する。